발도르프 유아교육의 모든 것

발도르프 유아교육의 모든 것

현장 활동과 교육론 그리고 새로운 시도

Sharifa Oppenheimer(ed.) & Contributors
What Is a Waldorf Kindergarten?

2015년 영어 제2판을 한국어로 번역함

1판 1쇄 발행 2023년 1월 30일

지은이. 샤리파 오펜하이머Sharifa Oppenheimer
옮긴이. 여상훈

발행인. 이정희
발행처. 한국인지학출판사
주소. 05659 서울특별시 송파구 마천로 76 성암빌딩 5층
전화. 02-832-0523
팩스. 02-832-0526

기획제작. 씽크스마트 010-9377-0651

ISBN. 979-11-92887-01-2 (03370)

이 책은 사단법인 한국슈타이너인지학센터, 권영완 원장, 벨레다 코리아, 송파 오금숲어린이집의 후원으로 제작되었습니다.

후원계좌 | 신한은행 140-009-321956 사)한국슈타이너인지학센터

일러두기

- 본문의 나이 표시는 “세는 나이”가 아니라 “만 나이”입니다.
- 원서가 미국의 발도르프 영유아교육 현장을 대상으로 하고 있어서 영유아 교육 현장의 명칭, 분류 방법, 연령 등이 우리나라와는 차이가 있습니다. 미국 영유아 현장의 명칭은 대표적으로 너서리스쿨nursery school(0~5세를 위한 영유아 교육기관), 프리스쿨preschool(2~5세 과정), 킨더가튼kindergarten(대부분 초등학교에서 운영하는 병설기관으로 5~6세 과정)으로 구분됩니다. 의무교육이 시작되는 시기는 주마다 다릅니다. 펜실베이니아 주는 유일하게 8세부터 시작되며, 다른 주는 5~7세로 나뉩니다. 이 번역서에서는 특별히 필요한 경우에만 프리스쿨 등의 용어를 사용했습니다.
- 원서에서 독일어 텍스트를 영어로 옮긴 부분의 일부 용어, 발도르프 교육의 특성상 독일어 용어가 일반화된 경우, 우리나라 발도르프 영유아 현장에서 이미 통용되고 있는 경우 등에는 원서의 용어와 달리 옮긴 것들이 있습니다.
- 외래어, 외국어, 외국 인명의 우리말 표기는 국립국어원이 정한 표기법을 기준으로 하였습니다.
- 루돌프 슈타이너의 저작이 인용된 부분은 원서와는 달리 그 출전(독일어 서명과 전집 번호GA 등)을 명시했고, 한국어판의 서명과 인용 위치를 밝혔습니다.

사진 제공(가나다순)

이 번역서가 독자들에게 좀 더 생동감 있게 다가갈 수 있도록 한국 발도르프 교육 현장의 사진을 제공해 주신 원장님들에게 깊은 감사를 드린다. 발도르프 유아교육이 수용된 지 20여 년이 지났지만 여전히 이를 낯설어하는 사람들이 많은 것이 현실이다. 이런 환경에서도 발도르프 유아교육 현장을 지키는 교육자들에게 사진 속 아이들의 부모가 전하는 소리가 들린다. "발도르프 선생님은 달라요. 우리 아이를 존중해 주시고 늘 새롭게 바라봐 주시니까요!"

금호어린이집(경북 영천시)
꽃가람 발도르프 어린이집(안양 동안구)
꿈꾸는어린이집(서울 용산구)
동수원킨더선교원(수원 영통구)
바람아래 발도르프어린이집(서울 성북구)
별빛어린이집(서울 용산구)
소화 발도르프 어린이집(용인 수지구)
솔숲 발도르프 킨더가르텐(성남 분당구)
아이마을 둥구나무 발도르프 어린이집(경기 과천시)
율현발도르프킨더가르텐(서울 강남구)
이루숲어린이집(강원 춘천시)
항동 발도르프 어린이집(서울 구로구)
항동 발도르프 킨더교육원(서울 구로구)
해오름 발도르프 킨더가르텐(성남 수정구)
햇빛발도르프어린이집(서울 강서구)

현장 활동과 교육학
그리고 새로운 시도

발도르프 유아교육의 모든 것

샤리파 오펜하이머 편저·여상훈 역

한국인지학출판사
KOREA ANTHROPOSOPHY PUBLISHING

지금, 발도르프 유아교육이 절실한 이유

동서를 막론하고 자녀를 둔 부모가 던지는 질문은 비슷합니다. "어떤 교육이 내 아이를 위해 이상적일까? 행복한 삶의 토대가 될 수 있는 좋은 교육은 어디에서 찾을 수 있을까? 아이가 아주 어릴 때는 막연했던 이 질문이 유아기에 접어들면서 달라집니다. 똑똑한 아이로 키우는 우수한 교육은 어디에 있을까? 그런 교육이 있다면 언제부터 시켜야 할까? 경쟁력을 높이려면 다른 아이들보다 좀 더 일찍 시작하는 것이 유리하지 않을까?"

이런 질문은 사실 20세기 교육의 세계적 흐름과 맞물려 있습니다.

냉전 시대에 소련이 발사한 최초의 인공위성 '스푸트니크'는 미국을 비롯한 유럽 여러 나라 사람들에게 충격을 주었고, 그 여파로 서방 국가들은 과학기술의 경쟁력을 높이기 위해 조기 인지 교육을 앞다투어 도입했습니다. 그후 미국이 달 착륙에 성공했지만, 1970년대 오일쇼크가 가져온 세계의 경제 위기는 지적 교육을 더욱 부추겼습니다.

조기 인지 교육을 향한 움직임은 1980년대 교육 선진국들에서 등장한 5세 취학 시도로 이어졌습니다. 조기교육이 아동에게 미치는 부작용이 입증되면서 이 주제는 서서히 자취를 감추게 되었습니다. 하지만 이런 흐름 속에서 인지 교육의 비중은 더욱 커졌고, 교육은 국가 경쟁력 제고를 위한 수단이라는 인식도 확산되었습니다.

이제 21세기 교육의 세계적 흐름은 구조화된 '지식 중심'에서 '역량 중심'으로 바뀌고 있습니다. 세계 경제를 좌우하는 디지털 기업들이 미래의 인재 육성에 관심을 보이는 가운데 경제협력개발기구가 주도한 "DeSeCo 프로젝트"(1997-2003)는 이른바 "미래 핵심 역량"을 언급했고, 이어진 "OECD 교육 2030 프로젝트"(2015-2018) 연구에서는 창의적인 아이디어와 새로운 가치를 만들 수 있는 "변혁적 역량"을 교육의 새 방향으로서 제시했습니다.

미래 교육의 이런 목표는 매우 현실적입니다. 2016년 다보스 경제포럼에서 제4차 산업혁명이 구체적으로 논의된 후, 실리콘 밸리의 첨단기술 기업들이 요구하는 인재상은 세부적으로 보완되었습니다. 실제로 인터넷과 인공지능을 활용한 초지능과 초연결, 로봇 기술과 메타버스의 가상현실 등 첨단 정보통신기술의 융합이 전 세계의 사회·문화·경제 환경에 큰 영향을 미치고 있으며, 이에 더하여 글로벌 경제의 부작용이 불러온 자원 고갈과 생태 문제가 미래 세대에게 커다란 도전으로 떠오르고 있습니다.

이런 상황에서 미래 사회가 요구하는 인재의 변혁적 핵심 역량은 창의성, 의사소통, 비판적 사고, 협업 능력으로 축약할 수 있으며, 이런 역량은 지식이나 능력이 개인적인 차원에 머무는 것이 아니라 사회의 변혁을 이끄는 힘의 원천이자 주체적인 실천을 뜻합니다.

우리나라의 공교육 역시 세계 미래 교육의 새로운 패러다임에 발맞추어 빠르게 개정되어 왔습니다. 이미 2015년 교육개정안에서는 핵심 역량을 위한 교육을 개념적으로 도입했습니다. 2022년 11월에 발표된 "2022 개정 공교육 과정"에서는 초등 핵심 역량의 내용을 "자기 주도적인 사람, 창의적인 사람, 교양 있는 사람, 더불어 사는 사람의 함양"으로 규정하고, 개정의 비전을 "포용성과 창의성을 갖춘 주체적인 사람"에 둔다고 설명했습니다.

이런 혁신 방안의 총론을 유아교육에도 그대로 적용하여, "역량 함양을 통해 포용성과 창의성을 갖춘 주도적인 사람"을 길러내야 한다고 강조합니다. 2019년에는 어린이집의 표준보육과정과 유치원 교육과정이 이원화된 상태에서 그동안 실행하던 3–5세 "공통 누리과정"이 "유아 중심·놀이 중심"으로 개정되었습니다.

이렇게 정부는 공교육의 새 방향을 신속하게 발표했지만, 깨어 있는 교육자와 학부모는 여전히 질문합니다. 한 줄 세우기의 교육제도 아래 "청년층(24–35세)의 전문 고등교육 이수율(69.3%)"이 OECD 국가 중 1위인 대한민국에서 세계 수준의 "변혁적 역량"은 과연 만들어질까? 핵심 역량은 도대체 언제부터, 어떻게 형성되는 것일까?"

우리 교육의 현안을 두고 던지는 회의적인 질문에 대하여 우리는 100년의 역사를 가진 발도르프 유아교육에서 하나의 실마리를 찾아볼 수 있습니다. 발도르프 영유아 교육 현장의 지향점인 "일곱 가지 기초 능력", 즉 신체 발달과 움직임 능력, 감각 발달과 지각 능력, 창의성 발달과 상상력, 사회성 발달과 관계 형성 능력, 집중력과 동기부여 능력, 도덕성 발달과 더불어 살 수 있는 능력이 바로 핵심 역량의 기본 토대를 이루기 때문입니다.

발도르프 교육의 본질과 현장 활동의 모든 것을 생생하게 안내하는 이 책은 지난 반세기 동안 전 세계에 고착된 학습 중심의 교육이 지닌 문제를 성찰하고 돌파구를 찾는 교육자들에게 용기와 희망을 줍니다. 특히 2019년의 개정 누리과정과 함께 새롭게 도입된 "놀이 중심" 교육이 한 세기를 통과한 발도르프 유아 현장에서 어떻게 실천되고 있는지, "유아 중심"의 놀이를 발도르프 교사는 어떻게 동행하는지 잘 보여줍니다. 개정 누리과정을 창의적으로 실천하고 싶은 유아교사라면 누구나 이 책에서 소개된 북미의 발도르프 현장을 객관적으로 들여다보면서 시야를 넓힐 수 있을 것입니다.

또한 이 책은 한국에서 발도르프 유아교육을 이미 실천하고 있는 교사들에게 더할 나위 없이 좋은 기회를 제공합니다. 독일 발도르프 유아교육의 어머니로 불리는 프레야 야프케 선생님이 쉬우면서도 깊이 있게 설명하는 핵심 내용을 음미하며, 내가 실천하는 발도르프 교육이 얼마나 본질에 가까운지 스스로 가늠할 수 있습니다. 동시에 발도르프 교육자로서의 "역량"을 강화할 수 있습니다.

끝으로 이 책을 특별히 추천하고 싶은 독자층이 있습니다. 발도르프 유아교육이 우리 사회에 적합한지를 질문하는 사람들입니다. 학교 입학을 앞두고도 한글을 안 가르치는 것이 과연 현실적인가? 글씨를 모르고 입학하면 학교 생활에 잘 적응할까? 디지털 미디어가 지배하는 이 시대에 텔레비전과 핸드폰 등 미디어 환경을 아동에게서 멀리하는 것이 정말 옳은 일인가? 이렇게 성장해도 나중에 메타버스 시대에 적응할 수 있을까? 유네스코가 시대에 좀 뒤떨어져 보이는 발도르프 교육을 21세기 창의·인성 교육의 전형이라고 인정한 이유는 무엇일까? 실리콘 밸리의 대기업 창업자들과 경영자들이 자녀에게 아날로그 환경의 발도르프 교육을 시키는 것은 또 무슨 까닭일까?

이정희

사단법인 한국슈타이너인지학센터 대표, 《발도르프 육아예술》 저자

추천인의 말

이 책은 '애를 언제쯤 어디로 보내서 어떻게 교육을 받게 할까?' '발도르프로 보내볼까?' 고민하는 부모들을 위해서 쓰였을까요? 아니면 '발도르프 교사는 무엇을 어떻게 하며 지내나?' 궁금해하는 교사들을 위해서 쓰였을까요? 제 소견으로는 발도르프 유아교육을 진지하게 살펴보려는 의지가 있는 분이라면 부모이건 교사이건 모두에게 유익할 것이라고 확신합니다.

오랫동안 미국과 독일의 발도르프 유치원에서 선생님을 했던 저자들이 발도르프 교실에서 이루어지는 실제를 잘 이해할 수 있도록 설명하고 예화를 이야기합니다. 누구든 읽다 보면 아이는 온전히 감각의 존재인 동시에 온전히 의지의 존재임을 알게 되리라 생각합니다. 발도르프 유아교육 현장에서 온전한 영유아로서 존중하며 함께 지내는 이야기들을 읽으며 독일의 인지학자 슈타이너의 철학과 정신에 사로잡힐 것입니다. 인지학이 낯선 한국의 부모와 일반 교사들은 발도르프 유아교사들이 같은 교육철학과 가치관으로 영유아들과 하루하루를, 봄 여름 가을 겨울을, 한 해 두 해를 어떻게 지내는지 가늠할 수 있을 것입니다.

종종 나오는 독일어는 우리말로는 번역 불가한 고유한 발도르프 용어이리라 생각하며 소리 내어 두어 번 읽어보았습니다. '라이겐'이라든지 '오이리트미'처럼 다소 생소한 단어가 나올 땐 일일이 검색하면서 현장의 분위기 속으로 들어가듯 몰입하여 간접적으로 경험할 수 있었습니다. 책을 읽는 내내 진실하게 영유아를 존중하는 교사들의 현실적 고민과 갈등이, 현장에서 오랫동안 영유아들과 진실한 관계를 맺어 온 저자들이 전하는 공감과 위로가 절절하게 느껴졌습니다.

책 속에서 우리 자신의 모습과 발도르프 교육의 차이를 발견하게 된다면 이미 변화의 시작이 습식 수채화처럼 우리 내면에 번지고 있을 것이라고 믿습니다. 동의의 끄덕거림으로 밑줄과 별을 그려 넣으면서, '독일이나 북미의 영유아들도 우리나라의 영유아들처럼 놀이하고 호기심으로 몰입하는구나! 독일이나 북미의 교사들도 우리나라의 교사들과 같은 마음으로 영유아들과 지내고 있구나!' 하고 연신 혼잣말을 했습니다.

굳이 처음부터 읽을 필요는 없을 것 같습니다. 대충 열어 읽기 시작한 곳에서 영유아들과 선생님들의 노래와 웃음소리가 들리고 광경이 눈 앞에 있는 듯 하다면, 그 쯤에서 깊게 발도르프의 관점으로 아이들을 살펴보실 수 있습니다. 독자의 성향에 따라 다르겠으나, 저의 경우는 경험을 통해 귀납적 원리를 깨닫는 방식보다는 연역적으로 사고하는 방식이 더 맞는 듯 합니다. 처음부터 끝까지 모두 읽고 나니 오히려 2부를 1부보다 먼저 읽는 것도 좋겠다는 생각이 들었습니다.

살다 보면 다른 집의 인테리어를 구경하면서 한 수 배울 수 있지요? 저는 소문난 맛집에 가면 반찬을 먹어 보고 그 요리 비결을 곰곰이 생각하며 연구하듯 맛에 집중하곤 합니다. 이 책을 읽는 내내 그런 기분이었습니다. 영유아들이 놀이를 하듯 이 책에 몰입하여 읽어가며 소화하여 내 것으로 만들고 싶었습니다. 독자들도 제가 이 책을 읽으며 맛본 통찰과 의식의 확장을 경험하시기를 기대합니다.

이 순간에도 놀이를 하면서

마스크를 쓰고 있을 아이들을 생각하며

강정원 드림

한국성서대학교 유아교육과 교수

차례

2부 발도르프 영유아 교육론 - 발달하는 아이

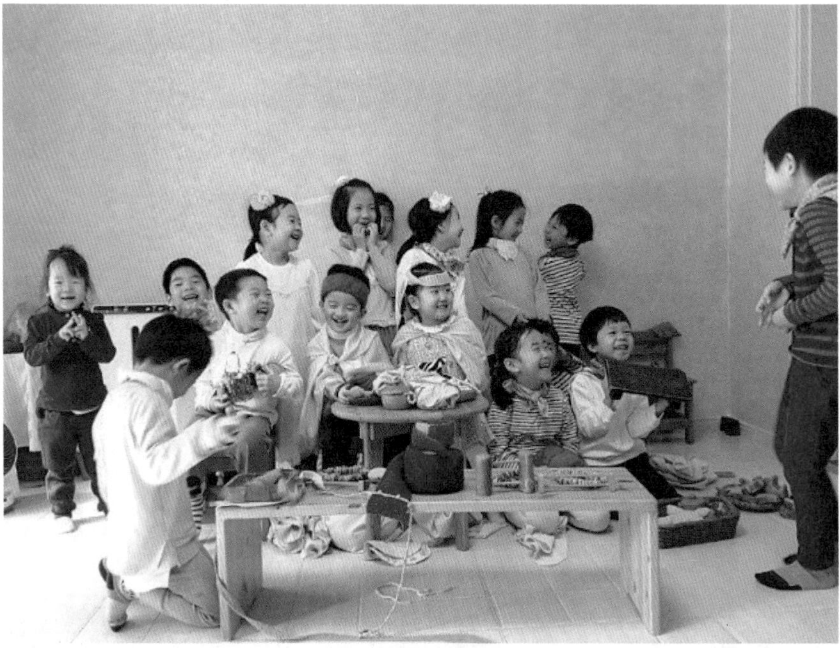

머리말

발도르프 유아교육의 매력과 과제

1970년대 초반에 볼티모어의 유아 현장에서 일하기 시작했을 때, 나와 동료들은 루돌프 슈타이너 또는 발도르프 교육에 대해 들어본 적이 없는 상태였다. 몇 달 후 처음으로 발도르프 교육 사상을 알게 된 우리는 이를 곧 교육 현장에 적용하기 시작했다. 처음에 그 사상은 우리가 갖가지 재료를 섞어 만들어 내는 수프에 추가하는 또 다른 재료일 뿐이었다. 그때 나를 놀라게 했던 것은 아이들의 반응이었다. 아이들은 우리가 제공하는 모든 것을 좋아했지만, 그 어떤 것보다 발도르프 교육에서 제안하는 것들을 깊이 받아들였다.

처음에는 단순히 유치원의 하루 리듬을 바꾸어 호흡이 좀 더 건강하게 이루어지도록 했다. 이야기 들려주기를 실천했고, 화학물감이나 공작용 판지처럼 딱딱한 미술 재료 대신 천연 수채화 물감으로 그림을 그리게 하고 화장지로 콜라주를 하도록 한 것이다. 전보다 더 가볍고 행복하게 호흡하는 듯한 아이들의 모습이 내게는 종종 햇빛을 깊이 들이마시는 꽃과 같았다. 무엇이 이런 변화를 일으켰는지 나는 의아했다. 우리 교사들은 그 이유를 거의 이해하지 못하거나 그 이면에 무엇이 있는지 알지 못했지만, 아이들은 주어지는 것들을 매우 깊이 듣고 경험하고 있었다.

아이들의 반응을 보고서, 아이들이 무엇을 경험하고 있는지를 이해하려고 발도르프 유아교육과 인지학을 좀 더 깊이 알아보기로 했다. 그로부터 30년이 지난 지금도 아이들이 그렇게 순수하고도 즉각적으로 흡수할 수 있던 것이 무엇인지 여전히 알아가는 중이다. 그 과정에서 나는 발도르프 유아교육에서 우리가 작업하는 많은 훌륭한 요소를 사랑하고 감사히 여기게 되었다. 그것은 실내와 실외의 창의적인 자유놀이의 놀라운 힘이었다. 실내와 실외에서 하는 창의적인 자유놀이가 보여주는 놀라운 힘, 그리고 음악을 비롯한 예술이 그랬다. 이야기, 노래, 시, 대화 등에서 드러나는 언어의 경이로움, 그리고 아이들에게 깊은 영향을 미치는 다양한 움직임 활동과 의도적인 작업도 마찬가지였다.

나는 아이들이 교사의 외적인 제스처와 내적인 분위기를 모방하며 배우는 엄청난 능력에 놀랐으며, 이 세상의 모든 아이에게 아동 발달의 기본적인 법칙이 작용하는 것을 확인하고는 깊은 감동을 받았다. 무엇보다 인상적이었던 것은 모든 아이에게 각기 독특한 능력이 있다는 기적 같은 사실이었다. 이 모든 것을 합친 것보다 더 큰 감동을 준 것은 부모들과의 관계, 동료 교사들과의 관계가 깊어짐에 따라 우리 모두가 마치 아름다운 카펫 그림처럼 하나로 연결되었다는 사실이다. 발도르프 교육이 만들어 낸 이 카펫 그림에 함께 짜여 든 것은 루돌프 슈타이너가 창시한 철학이자 정신과학인 "인지학"이었다. 슈타이너의 인지학은 발도르프 교육에 영양분을 제공하여 살아 있게 하고 발전하도록 한다.

젊은 교사였던 나에게는 이 모든 것이 기적처럼 보였다. 아이를 포함하여 모든 인간에게는 본질적으로 정신이 들어 있음을 알아차려 그것을 존중하는 교육이 존재한다는 사실이 놀라웠다. 우리가 무언가에 익숙해지면 늘 그렇듯이, 시간이 지나면서 나도 그런 기적을 당연한 것으로 여기기 시작했다. 하지만 발도르프 교육은 오늘날 미국 전역의 유치원에서 드러나는 부정적인 현상들의 해결책으로 인정받으며 새롭게 높이 평가받고 있다. 이 나라의 모든 이가 아이에 대한 경외심을 잃어버렸고, 모든 아이가 지니고 있는 창의력을 육성하는 일의 중요성에 둔감해지고 말았다. 유치원과 프리스쿨preschool은 지적 교육에 몰두하여, 글자를 얼마나 잘 알고 얼마나 많은 단어를 읽고 쓰는지에 따라 아이들의 유능함을 평가하는 지경이다. 이전에는 초등학교 1학년 교육과정에 있던 것을 유아들에게 가르치면서 왜 아이들이 그렇게 스트레스를 받는지 의아해하고 있는 것이다.

내가 발도르프 교육을 실천하던 메릴랜드 주는 다른 주들보다 훨씬 전부터 지역의 유치원들이 학습에 중점을 두게 된 것을 자랑스러워했다. 1975년에 국공립 유치원 한 곳을 방문한 적이 있다. 그곳에서는 부분적으로 놀이를 통해서 학습을 시키는 것으로 오전을 보내고 있었다. 그러나 그 놀이는 결코 진짜 놀이가 아니었다. 그나마 그 유치원은 오늘날의 현실에 비하면 아무것도 아니다. 요즘 많은 유치원은 오전이 아니라 하루 종일 운영되며, 일과는 학습 과목들로 채워진다. 내가 발도르프 유치원에 있었던 메릴랜드에서는 현재 국공립 유치원들이 종일반을 운영하며, 5세 아이들에게 읽기와 쓰기 90분, 수학 60분, 과학 30분, 사회 30분, 그리고 휴식 25분으로 구성된 일과가 거의 의무적으로 운영되고 있다. 이전에는 아이 주도의 창의적인 실내놀이가 주를 이루었는데, 요즘에는 그런 것이 일과에 배치되지 않는다.

캘리포니아주의 유치원들은 훨씬 더 심하다. 그곳에서는 많은 유치원 아이들이 하루에 두 시간 동안 세부 교안에 따른 수업을 받는다. 세부 교안은 매우 정교해서, 아이들에게 할 예상 질문과 예상 대답까지 포함되어 있다. 현재 캘리포니아주의 일부 학군에서는 4세 아이들에게도 이 방법을 적용하고 있다.

국가는 유아기의 교육목표를 문해력 습득에 두고서 가능한 한 일찍 성취하도록 하면서도 장기적인 결과에는 관심을 두지 않는다. 이렇게 학습에 치중하는 영유아기의 프리스쿨 교육이 장기적으로 이득이 있는지에 관한 증거는 사실 찾아볼 수 없다. 오히려 그런 학습 중심 프로그램을 집중적으로 받은 아이들, 그 가운데서도 특히 저소득층 가정의 아이들이 장기적으로 오히려 심각한 학업 부진 및 사회성 문제를 보인다는 유의미한 연구가 있다. 그러나 그런 증거는 무시되고, 유치원과 프리스쿨의 지적 교

육이 전세계에 걸쳐 들불처럼 번져 나가는 것이 현실이다.

아이들의 창의력이 특수한 목표나 성취를 지향하도록 구조화된 프로그램들에만 소모된다면 어떤 일이 일어나겠는가? 결국은 삶에 대한 창의적인 열정이 아이 안에서 말라버리게 된다. 5세 아이들은 놀 시간을 주어도 무엇을 해야 할지 모른다고 요즘 유아교사들은 말한다. 아이들이 스스로 생각할 줄 모르는 것이다. 사정이 이러니, 초등학교 교사들이 종종 3, 4학년에서 번아웃 상태인 아이들을 보게 된다고 말하는 것이 놀랄 일이 아니다.

이런 아이들이 자라나면 무슨 일이 생길까? 지금 20대가 된 젊은이들은 이 나라에서 창의적인 자유놀이로 가득한 어린 시절 없이 자라난 첫번째 세대이다. 나는 사업하는 사람들로부터 오늘날 젊은 대학 졸업자들이 전반적으로 예전의 졸업자들만큼 창의적이지 않다고 느낀다는 이야기를 들었다. 최근 어느 소프트웨어 기업의 인사 담당 이사는 자기 회사에서 일하는 젊은 대졸자들이 사회성 능력이 부족하다는 말을 했다. 그 바람에 그 기업은 젊은 직원들에게 동료와 함께 일하는 법을 가르치는 데 거액을 사용하고 있다는 것이었다.

나는 완전히 다른 관점에서 발도르프 유치원이 아이들에게 자유로운 놀이와 경험을 통한 배움을 지원하는 보호구역이라고 평가한다. 유아교육 분야에서 만연해 있는 기준과 달리 아이들이 건강하고 생기 넘치는 모습으로 자라는 교육 현장이 존재한다는 것은 매우 중요한 일이다. 유아들은 보호받아야 하지만, 그것이 울타리를 쳐서 외부 세계와 차단한다는 낡은 의미의 보호는 아니어야 한다. 발도르프 유치원이 맞닥뜨릴 다음 과제는 세계를 향해 자신을 열고 통찰력과 풍요로움을 자유롭게 공유하는 일, 타인의 경험을 통해 배우는 일이라는 것이 나의 생각이다.

사람들은 발도르프 유아교육이 섬세하고 귀한 것이어서 그것이 살아남기 위해서는 고운 베일에 쌓여 있어야 한다는 무리한 생각을 한다. 하지만 내가 보기에 발도르프 교육은 오히려 굉장히 강하고 생기가 넘치는 것이어서, 도심지, 교외, 시골의 공동체만이 아니라 남아프리카 흑인 거주지역과 미국의 빈민지역처럼 매우 다양하고 때로는 불리한 환경에서도 살아남는다. 발도르프 유아교육을 보호하는 최선의 방법은 교사와 학부모가 더욱 깊이 헌신하고 더욱 지속적으로 배우는 것이다. 만약 그렇게 된다면 발도르프 유아교육은 살아남아 성장할 뿐만 아니라 발도르프 바깥의 많은 이에게도 큰 도움이 될 것이라고 자신할 수 있다.

존 앨먼Joan Almon

1부 발도르프 유치원의 교육 활동

1. 하루 생활

연구에 의하면, 아이의 배움에는 세 가지 핵심 요소가 필요하다. 첫 번째로 다양한 감각 경험, 두 번째는 감각에 입력되는 것에 대한 활발하고도 섬세한 반응 작용, 세 번째는 주변 환경에서 아이가 만나는 본보기를 모방할 기회다. 이 셋이 서로 잘 어우러져 아이의 뇌가 잘 발달하도록 돕는다. 이어지는 글에서 우리는 이 핵심 요소들이 발도르프 유치원의 일상에서 생생하게 작동하는 모습을 보게 될 것이다. 발도르프 유치원에서 이루어지는 활동은 일반 유아 프로그램에서 부모들이 기대하는 인지적 학습 능력의 근간이 된다.

먼저, 발도르프 유치원에서는 다양한 감각 경험으로 짜인 태피스트리(Tapestry, 색실로 풍경 따위를 짠 주단-역주)가 일상을 이룬다. 빵을 굽고, 빨래하고, 바닥을 쓸고, 물건을 수선하고, 노래하고, 그림을 그린다! 빵 굽는 향기, 빨래할 때 거품을 일으키는 따뜻한 물, 바닥을 쓸 때 느끼는 근육의 힘, 수선하고 바느질할 때 눈과 손의 밀접한 협응 등을 상상해 보자. 춤추듯 경쾌한 습식 수채화로 이루어지는 시각적 교육을 상상해 보자. 그리고 창의력과 상상력이 넘치는 자유놀이를 하는 아이들과 함께 기쁨을 누려 본 독자라면 바삐 움직이는 벌집에서 나는 듯한 행복한 소리를 알 것이다. 이 모든 감각적 풍요는 발도르프 유치원의 특별한 교육을 누리는 아이들의 삶에서는 단순한 일상일 뿐이다.

이제 이 풍요로운 환경에 상응하여 어떤 활동이 일어나는지 살펴보자. 발도르프 유치원의 일상에 내재하는 활동을 확인할 첫 번째 실마리는 이곳에서 하루의 구조를 표현하는 말에 주목하는 것이다. 우리는 빵을 굽는 시간으로 시작해 씻고, 쓸고, 노래하고, 그 밖에도 여러 가지 활동을 한다. 이 표현들은 모두 진행형 동사로 이루어진 단어이다. 아이들은 진행형 동사와 같은 존재이고, 유치원에서는 아침에 하는 활동을 필수적인 것으로 존중하고 연마한다. 하루 활동의 정점은 아마도 "아침 열기"(주로 라이겐) 활동일 것이다.

아침 열기 활동은 중요한 주제이므로 다른 글에서 더 깊이 들여다보게 될 것이다. 이 시간에는 아이들의 활동이 자유놀이나 바깥 활동 시간처럼 자유롭지도 않으며, 그렇다고 무용 시간처럼 "지시"를 받는 것도 아니다. 그보다는 이 활동에서 교사 자신이 느끼는 기쁨이 아이들을 즐겁게 불러들이고, 이를 통해 활동의 형태와 내용이 "만들어지거나" "형성된다." 아침 열기 활동에서 아이들은 모방을 통해 말처럼 달리고, 발끝으로 걷고, 탁탁 치고, 도약하고, 흔들고, 왔다갔다 한다. 그리고 이 모든 것은 이야기, 노래, 시, 음악을 매개체로 하여 이루어진다.

잉게보르크 쇠트너Ingeborg Schöttner가 제공한 이 아름답고 생생한 일상의 그림 속에서 우리는 모방이 얼마나 큰 역할을 하는지, 그리고 아이들에게 인간이 어떠해야 하는지를 보여주는 모델인 어른의 역할이 얼마나 중요한지 느끼게 될 것이다. 유아교사는 자기 고유의 본질을 자신이 있는 교실 분위기 안에 불어넣는다. 어떤 교사는 노래를 부르며 방을 채우고 언어를 훌륭하게 사용하여 모범을 보일 것이고, 또 어떤 교사는 하루 종일 짧은 이야기를 만들어 아이들을 상상력 넘치는 놀이로 인도하는 상상의 영역과 관련된 작업에 더 끌릴 것이다. 그리고 또 다른 교사는 만들기 활동, 바느질, 망치질 등에 집중할 수도 있다. 하지만 어느 경우에나 교사들은 영감을 받아 만들어진 원칙을 바탕으로 작업하게 된다.

아이들에게 주어지는 이 모든 아름다움은 아이들을 위한 "영양분"이 된다. 자유놀이와 어른을 본보기로 하는 모방을 통해 아이들의 감각은 자극을 받고 경험을 소화한다. 그러면 이 모든 것이 아이들 소유가 되어 자유를 향한 성장에 자양분을 제공한다.

샤리파 오펜하이머Sharifa Oppenheimer

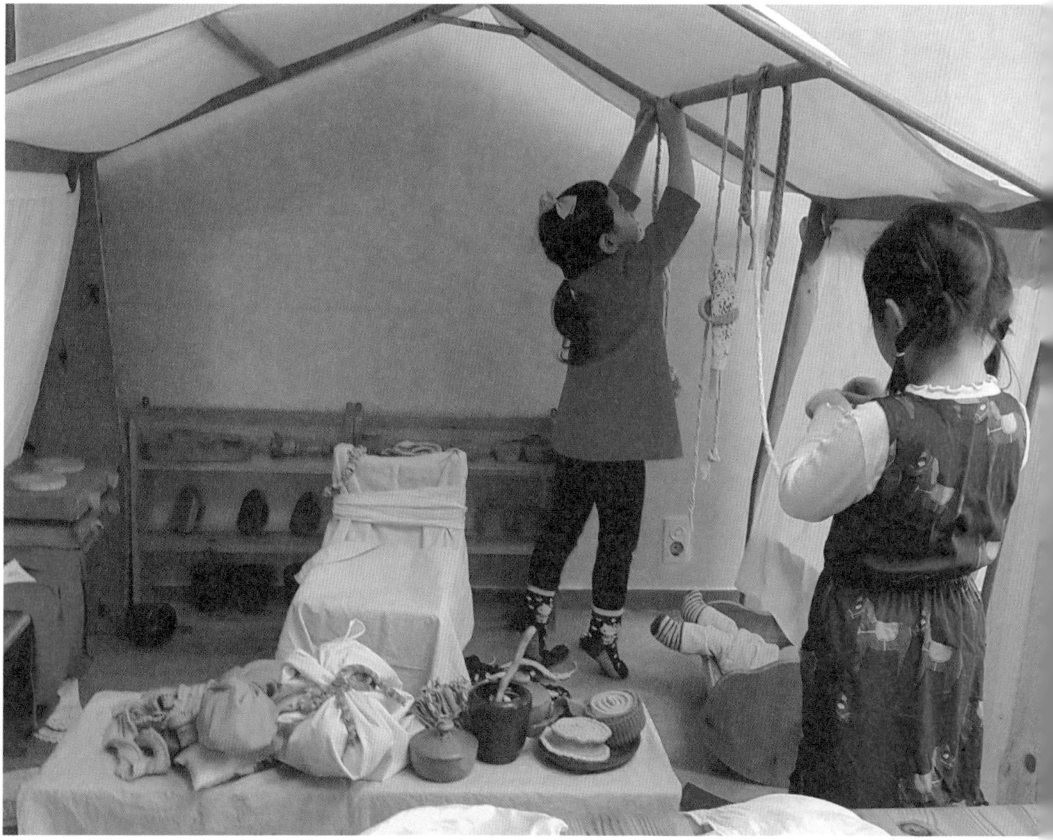

루돌프 슈타이너Rudolf Steiner는 저서 《교육의 기초인 일반 인간학》[1]에서 이렇게 말한다. "우리가 지향하는 것을 완전히 실행하려면, 인간으로서 충분히 발달한 상태가 된 우리를 통해서 부모들이 교육의 첫 시기부터 이미 특별한 과제가 오늘날의 인류에게 주어져 있음을 이해해야 합니다." 이 특별한 과제를 인지하는 것이 우리의 목표다.

오전 8시부터 정오 사이에 자유놀이, 리듬 활동, 간식, 산책 또는 바깥 놀이, 이야기 들려주기 등으로 나뉘는 유치원의 하루를 들여다보자.

이런 하루의 과정에서 유아교사는 그 중심이 되어 일한다. 아이들이 교사에게 다가가면, 교사가 생각하고 느끼고 뜻하는 것이 교사에게서 흘러나와 아이들 안으로 들어간다. 아이들은 온 의지를 다하여 움직이려 한다. 그 중심에 있는 교사는 자신의 요구에 의해서가 아니라 자신의 존재에 의해서 아이들의 이 의지 활동에 형태를 부여한다. 교사의 존재 안에서 일어나는 모든 것은 그의 행동과 함께 바깥으로 흘러나온다. 그러면 아이는 그런 교사를 보고 똑같이 행동하고 싶어 한다. 생후 7년 동안 이루어지는 교육의 기초가 바로 그 안에 있

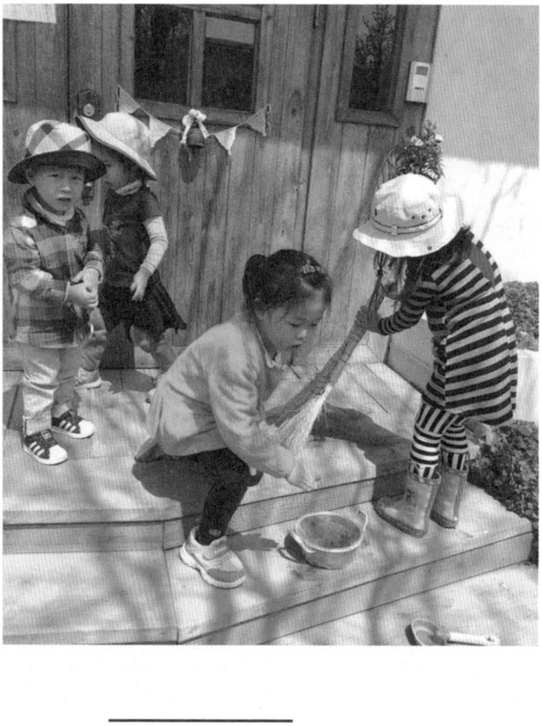

1) Rudolf Steiner, *Allgemeine Menschenkunde als Grundlage der Pädagogik*, GA 293.(한국어판: 《교육의 기초인 일반 인간학》, 여상훈 역, 한국인지학출판사, 2023.

으니, 교사는 본보기가 되고, 아이는 그것을 모방하는 것이다. 교사가 무엇을 하고 어떻게 하는지는 아동 발달에 결정적으로 작용한다.

유아 현장은 커다란 가정이다. 부모는 집에서 요리하고, 빵 굽고, 빨래하고, 다림질하고, 수선하고, 쓸고, 청소한다. 그와 똑같은 일이 유치원에서도 벌어진다. 노래하기도 작업에 해당한다. 천연 물감과 밀랍 크레용이 습식 수채화 활동과 그림 그리기를 위해 준비된다. 바느질 바구니도 필요하다. 수공예를 열심히 할 수 있도록 작업대도 마련된다. 밝은 색 옷감은 손가락 뜨기, 매듭, 땋기를 하라고 유혹한다. 들뜬 마음으로 작은 직조틀을 내온다. 밝은 색 양모를 사용하여 양모 그림을 그린다. 정원에는 갈퀴와 작은 괭이가 있다. 그리고 축제 전에는 공간을 꾸미며 즐거워한다.

유아 현장의 하루는 자유놀이로 시작된다. 이 자유놀이 시간은 어떻게 구성하여 진행해야 할까? 예를 들어, 교사는 의도적이고도 의식적으로 자신의 일에 몰두함으로써 그 동안 아이들이 자유롭게 놀 수 있도록 한다. 교사는 자신의 일을 하면서도 아이들의 움직임을 조심스레 살핀다. 바느질을 한다고 가정해 보자. 아이들이 실내로 들어온다. 교사의 바느질 작업이 아이들의 관심을 끈다. 그러면 아이들은 그 모습을 잠시 지켜본다. 어떤 아이들은 즉시 바늘과 실을 잡는다. 한 아이는 놀이 영역으로 달려가 보자기 천 한 조각을 잡고 손가락으로 바느질 시늉을 한다. 또 다른 아이는 나무 조각을 다리미 삼아 옷을 다리고, 그렇게 다린 옷을 특별한 방식으로 접고는 외친다. "아! 바느질이 다 되었네!"

다른 아이들은 좀 더 요란한 놀이를 하기 시작한다. 주변을 통통 뛰어다니는 아이, 손을 입에 문 채 꿈꾸듯 앉아 있는 아이도 있다. 뛰어다니던 아이들 중 한 명은 교사가 시키는 대로 바닥에 있는 보자기 천을 가져온다. 교사가 갑자기 흥미가 생긴 듯 앉아서 바느질을 시작한다. 교사와 "놀고 있던" 다른 아이들도 교사를 따라한다. 아이들은 큰 야단법석을 피우지 않고 목적이 확실한 일에 몰입한다. 손가락을 물고 있는 그 아이는 어쩌면 집에서도 잘 놀지 못하는 상태일지 모른다. 그런 아이는 어떤 활동을 시작할 때까지 오랜 시간이 걸리는 경우가 많다. 그렇다면 교사의 인내심이 그 아이를 도울 수 있을 것이다.

자유놀이를 하는 동안에는 모든 것이 활발히 움직이며, "뭐든 해도 좋아!" 하는 분위기가 공간 전체를 채우고 있다. 건강한 아이는 자연스럽게 공간에서 사물들을 자신의 것으로 인지한다. 그것들은 아이의 창조를 위한 도구가 된다. 나무 조각은 인형이 되고, 나뭇가지에서 자른 둥근 조각은 빵이 되고, 집을 만든다고 잘라 낸 조각에는 돌연 굴뚝 역할이 주어져 연기가 나오는 것처럼 양모 뭉치가 붙는다.

자유놀이 시간은 정리하기로 마무리된다. 놀던 자리를 교사와 아이들이 함께 정리하는 것은 중요한 일이다. 물론 정리 또한 하나의 놀이가

될 수 있다. 가게 주인은 정리를 위해 옷감을 판다. 청소하는 사람은 주변에 널려 있는 것을 모은다. 엄마, 아빠는 집을 정리한다.

어떤 아이들은 이미 구석에 자리를 잡고 재잘거린다. 좀 있으면 한 아이가 손을 씻고 머리를 빗으러 올 수도 있다.

그러고 나면 특별한 노래와 리듬 놀이가 하루의 리듬을 이끌어 준다. 이때부터 교사는 아이들의 움직임을 만드는 의식적인 작업을 시작할 수 있다. 집중했다가 쉬고 다시 집중하다 보면 움직임에 리듬이 생긴다. 유치원의 다른 부분들도 그렇지만, 하루의 이 부분에서는 그때그때 계절에 어울리는 활동을 한다.

하루 일정에서 리듬과 관련된 라이겐 활동 시간을 3주 혹은 4주 동안 일관되게 가지는 것은 그 가치가 매우 크다. 아이들이 동화를 기초로 작은 연극을 하면서 즐기는 시간을 두 달 혹은 세 달에 걸쳐 이어가는 것도 좋다. 리듬이 있는 활동을 하면, 하루의 이 부분에 좋은 분위기가 만들어진다. 의도적인 동작과 주의 깊은 발음은 아이들의 말과 놀이에 생기를 불어넣는다.

교사는 노래로 간식 시간을 알린다. 유치원에서 간식을 준비할 수 있으면 간식 시간이 풍성하게 될 것이다. 그것이 가능하

지 않더라도 아이들이 간단한 것을 간식으로 가져오면 교사에게는 고마운 일이다. 롤빵 하나, 사과 한 개 정도면 충분할 것이다.

간식 시간 다음에는 마당에서 놀거나 짧은 산책을 나간다. 길가의 돌, 나뭇가지, 모래, 나무, 흔들거리는 잎새, 풀, 무당벌레, 달팽이, 곤충, 파란 하늘, 구름, 바람, 시냇물의 속삭임, 새 등 모든 것에 대한 아이들의 경험은 교사가 지각하고 경험하는 방식으로 이루어진다.

실내로 돌아온 다음에는 이야기 들려주기로 오전을 마무리한다. 동화를 그림처럼 묘사하여 이야기해 주는 것은 최고의 언어 교육이다. 이미지를 말이라는 제스처로 표현하면, 아이들에게는 개념을 만들고 풍부한 판타지를 얻는 길이 열리게 된다. 전래 동화는 지혜의 보고이다. 아이들은 다른 이야기보다 그런 이야기에 담긴 상을 더 직접적으로 경험할 수 있고, 등장인물들의 모습도 한층 생생한 모습으로 나타난다.

유아 현장의 하루 과정을 돌아보면, 교사가 심은 씨앗이 열매를 맺는 데는 반드시 부모의 협력이 있어야 한다는 생각이 들 것이다. 그래서 유아 교사의 하루에는 부모가 아이를 데리고 오는 시간과 그날 아이가 어떻게 지냈는지 돌아보는 시간, 즉 사전 작업과 사후 작업이 포함되며, 이에 더하여 예술이나 문화 활동, 교사 자신을 위한 것이나 자신에 관한 것도 포함된다.

인생의 초기에 특별한 과제를 찾기 위해서 무엇보다도 필요한 것은 아이에 대한 의식적이고 사랑 가득한 헌신이다.

잉게보르크 쇠트너Ingeborg Schöttner
국제 발도르프 유치원연합

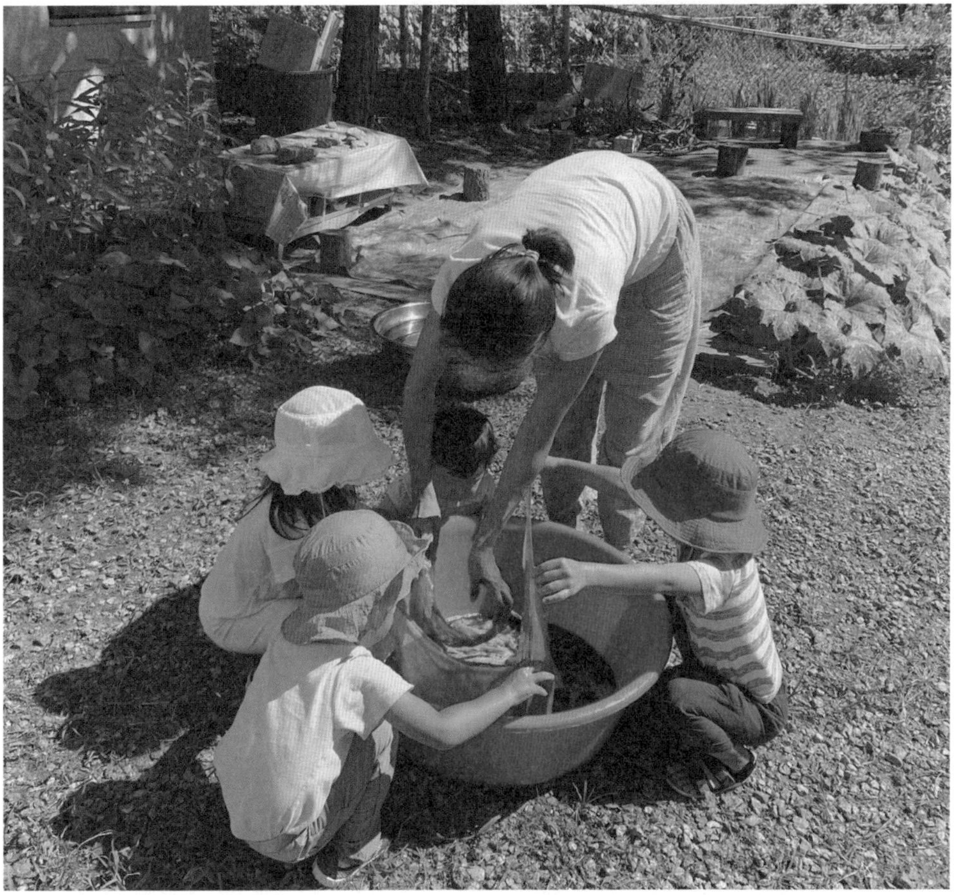

2. 수공예 활동

버튼 하나만 누르면 모든 게 해결되는, 상상 이상으로 편리한 우리의 기술 문명 사회에서는 다양하고 균형 잡힌 손 훈련의 중요성을 이해하기가 매우 어렵다. 신경학자 프랭크 윌슨Frank Wilson은 저서 《손은 어떻게 뇌, 언어, 문화를 형성하는가?》[2] 에서, 다른 손가락들을 마주볼 수 있는 놀라운 엄지손가락을 가진 인간의 손이 종의 진화에서 한 중추적인 역할을 추적한다. 각 손가락 끝에는 신경이 엄청나게 밀집해 있는데, 어린 시절에 이런 손가락들을 활발하게 사용하는 활동을 하면, 이를 통해 뇌에는 학습에 필요한 신경 회로가 만들어진다. 그러면 순수하게 "학구적"이라 여겨지는 학습을 포함하여 사람이 평생 추구하는 모든 일에 도움이 된다는 것이다.

수천년 동안 인간의 손은 삶의 갖가지 내용을 만들어 내는 데 사용되었다. 모든 부족, 집단, 문화권은 이 필수적인 일을 젊은 세대에게 훈련시키는 것이 중요하다는 사

2) Frank Wilson, *The Hand and How It Shapes the Brain, Language and Culture*, Pantheon Books, 1988.

실을 알고 있었다. 최근까지 어떤 사회에서든 인간이 하는 활동을 생각해 보면 손이 얼마나 다양한 작업에서 얼마나 솜씨 좋게 쓰이는지 짐작하게 될 것이다. 얼마 전까지만 해도 아이들은 쟁기질하고, 씨 뿌리고, 잡초를 뽑고, 경작하고, 나무를 접목하거나 옮겨 심고, 추수하고, 타작하고, 땅을 갈고, 빵을 굽는 일을 배웠다. 아이들은 진흙을 파내어 덩어리를 만들고, 물레를 돌리고, 그 위에 흙덩이를 올려 꽃병 모양을 만들고, 유약을 꼼꼼히 바르고, 가마에 불을 지피고, 구운 그릇을 잘 다듬어 마무리하는 법을 배웠다. 아이들은 손으로 양의 출산을 돕고,

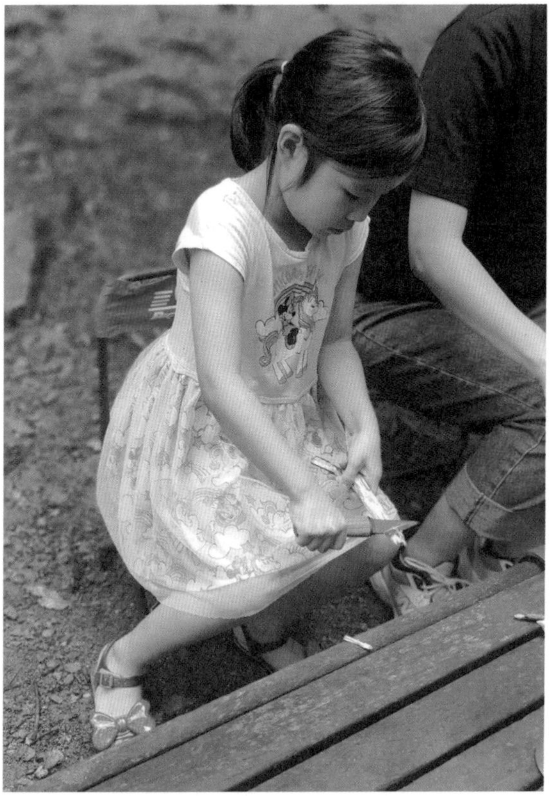

양을 돌보면서 먹이를 주고, 양떼를 몰고, 양털을 깎고, 양털을 씻고 빗고 염색하고, 물레를 돌려 실을 잣고, 그것으로 뜨개질하는 법을 배웠다. 현대인이 누리는 특별한 것들이 없었던 옛 문화에서는 잘 훈련된 손이 중요한 특권으로 전수되었다. 나는 태곳적부터 인간이 해 왔던 필수적인 손의 활동을 모아 놓은 책이 있으면 좋겠다는 생각을 한다. 그런 책이 있다면 아주 두꺼울 것이다! 우리는 현대 뇌 연구의 도움을 받아, 손이 단순한 활동을 함에 따라 뇌에서 어떤 움직임이 일어나는지, 그때 뇌의 여러 부분이 어떻게 서로 "이야기를 나누는지" 나열할 수 있을 것이다.

손을 훈련할 때는 아이의 모든 신체 부위뿐 아니라 감정과 마음도 그 훈련

에 개입된다. 다음 글에서 우리는 손을 사용하는 아이의 능력, 아이가 손으로 만들어 낸 것과 맺는 진심 어린 관계, 이로 인해 생기는 폭넓은 상상력 등이 서로 섬세하게 짜이는 모습을 이해하게 된다. 이런 조금 엉뚱한 서술에서 우리는 전체적으로 균형 잡힌 자아를 만들어 가기 위한 아이의 섬세한 작업을 목격할 것이다. 감각적인 경험, 즉 몸으로 알아내는 것을 바탕으로 한 자아, 손이 발휘하는 형성력을 통해 세상과 역동적인 관계를 가지는 자아, 그리고 심장의 활발한 온기를 통해 마음의 영역을 탐구하는 자아가 바로 균형 잡힌 자아일 것이다.

또한 이 글은 이끌어 주는 어른들을 아이가 모방하는 것이 얼마나 중요한 역할을 하는지 보여준다. 시간이 지나면 어른들은 다음 발달 단계인 초등학교 시기에 아이의 지적 학습에 관여하기 시작한다. 생후 몇 해 동안 아이가 유치원을 다니는 시기에 우리가 반드시 해야 할 것은 아이로 하여금 아무런 제약 없이 어떤 것이라도 상상할 수 있도록 허용하는 일이다. 이 제한 없고 유연한 상상은 훗날 생명력 자체의 무한한 잠재력으로 가득한 사고로 발전하게 된다.

샤리파 오펜하이머

아이들이 가진 모방하는 능력과 움직임을 좋아하는 본성에 호소한다면, 아무런 준비가 되지 않은 프리스쿨 아이들을 처음으로 초보적인 수공예 작업으로 안내하기는 어렵지 않다. 실천적인 활동을 통해 자신을 표현하려는 의지는 아이들의 생활에서 근본적인 요소이기 때문이다. 손으로 하는 최초의 작업은 기본적으로는 학교에서 하는 수공예와 다르다. 학교에서는 연습하고 배우고 작업하는 것을 단계에 따라 차례대로 쌓아간다. 유아 현장에서는 놀라운 실험, 모방, 새로운 창조성이 있다. 그리고 이 모든 것은 언제나 창의적인 자유 놀이에서 이루어진다. 활동과 판타지가 동시에 불타오른다.

유치원의 수공예 활동은 바깥에서 자연을 실제로 경험하는 것으로 시작된다. 정원은 아이들의 다양한 활동 장소, 일년 내내 아이들의 생활과 놀이의 터전이 된다. 그곳에서 아이들은 늘 손으로 꽃이나 잎, 솔잎과 풀, 나뭇가지, 과일 껍질과 씨앗, 모래, 흙 등으로 뭔가를 만들고 싶어한다. 심지어 겨울에도 아이들은 눈으로 훌륭한 것들을 만들어 낼 수 있다. 여기서는 이런 활동들 가운데 몇 가지만 간단히 언급할 것이다. 아이들은 모든 감각을 통해서 계절에 따라 주변 세계에서 일어나는 일들을 접한다.

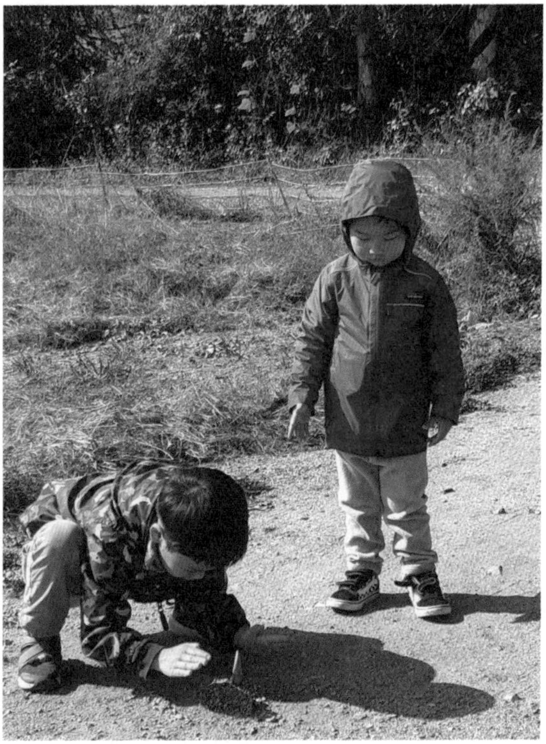

봄에 나무가 꽃을 피우기 시

작하고 정원 한가운데에 전나무 방울이 땅에 떨어지면, 가장 활동적인 아이부터 가장 조용한 아이까지 모든 아이를 유혹하는 놀이가 생긴다. 우리는 그 놀이를 "작은 나무 꾸미기"라고 부른다. 떨어진 꽃잎, 꽃, 풀, 조약돌을 한 움큼 찾아온다. 약간 열려 있는 전나무 방울에 이 장식들을 넣기란 쉽고, 심지어 아이들조차 작은 손으로 능숙하지는 않지만 서둘러 나무를 장식한다. 그러면 작은 나무에는 꽃이 활짝 피어난다. 이렇게 풍성하게 꽃을 피운 나무 주변으로 세상이 만들어진다. 정원의 자연에서 얻는 다른 여러 가지 작은 물건을 예쁘게 엮고 꼬아 장식하고 합쳐 무엇인가를 만든다. 아이들이 가진 판타지의 힘 덕분에 모든 것은 아이들의 감각에 전해지는 물질적인 것을 훨씬 뛰어넘는 생명을 얻는다.

특별히 여아들에게 흥미를 유발하는 "예술"은 나뭇잎을 엮어 뭔가를 만드는 작업이다. 이를 위해서는 나뭇잎이 너무 얇아도 안 되고, 가는 나뭇가지가 너무 거칠어도 안 된다. 이 작업에는 손가락 끝의 섬세한 감각과 조심스러움이 필요하다. 왕관, 작은 모자, 혹은 작은 바구니가 만들어지면 아이들이 얼마나 기뻐하는지 모른다! 그렇게 만든 것이 망가지면 아이들이 재빨리 다시 엮기 시작한다. 이 작업은 5~6세 아이들의 영역에 속한다. 이 활동을 하는 가운데 우리는 아이들의 기질 중 어떤 부분이 드러나는지 알아차릴 수 있다. 이 작업에서는 교사의 전반적인 도움이 필요하다. 아이들에게서 눈을 떼지 말아야 하지만, 활동의 흐름을 방해하지 않도록 가능한 한 개입을 자제하는 가운데 빗자루나 스위치를 만들고, 풀 노끈, 골파, 화환 등을 엮는 아이들 하나하나를 돕는다.

가을에는 알록달록한 환경이 여러 재미있는 작업을 하도록 영감을 준다. 이 계절에 열정적인 활동을 일깨워 줄 두 가지 작업의 예를 보자. 우선 "가루 만들기"가 있다. 마르고 갈라진 잎들을 작은 손으로 쥐고 문지른 다음에 물을 부으면 마법처럼 새로운 색깔이 나타난다. 열정적으로 나뭇잎, 꽃, 견과류 껍질, 야생 체리를 섞어 갖가지 색을 만드는 걸 마다할 아이들이 있을까? 아이들은 그런 것들을 물에 넣어 잘 섞은 다음 짜서 색깔이 달라진 물을 얻을 것이다. 그러고는 눈처럼 하얀 천을 그 물에 담가 보라고 하면 기뻐서 웃고 춤출 것이다. 그렇게 물든 천이 회색이나 갈색 비슷하든, 옅은 녹색 또는 살짝 노랑이나 빨강이 비치는 색이든 상관없다. 나중에 그 천으로 살아 있는 듯한 얼굴의 작은 인형을 만들 수 있으니 말이다.

이렇게 자연에서 온 것들로 다양하고 즐겁게 만들고 창조하는 작업은 프리스쿨 아이들의 상상력과 기쁨을 자극한다. 아이들은 조용히 꿈꾸는 듯한 공감을 통해서 다양한 형태, 색채, 생명으로 가득한 갖가지 움직임을 감지한다. 유연성이라고는 전혀 없는 정형화된 레고 놀이에서는 절대로 느낄 수 없는 이런 풍요로운 경외감에서 아이들이 얻게 될 자양분을 간과해서는 안 된다. 찾고, 싸매고, 묶고, 매듭짓고, 바느질하고, 염색하고, 씨 뿌리고, 추수하고, 갈고, 빵 굽는 것 등 인간의 기본적인 일에 대한 첫 경험은 아이 스스로 해 보아야 자신의 것이 된다. 아이들은 이런 놀이와 작업의 첫 만남을 경험하면서 지상의 삶 안으로 들어온다. 유아기의 이런 여러 가지 체험은 아이들이 엄지 장갑을 뜨거나 코바늘 뜨기 방법을 익히는 초등학교에서 실제적인 능력으로 바뀐다. 그렇게 되면 현실적인 지혜가 빛나게 되는 것이다.

아주 새로운 사용법을 요구하는 순수하고 아름다운 재료는 식물성 염색을 한 양모다. 그것으로는 모래, 진흙, 밀랍 등과는 전혀 다른 방식으로 가지고 놀거나 조형 작업을 할 수 있다. 색색의 양모 뭉치가 들어있는 바구니를 보면 모든 아이가 작은 손을 뻗어 그 섬세한 반투명 재료를 가지고 한참을 놀고 싶어한다.

양모 뭉치를 소재로 창의적인 경험을 시작할 때 아이들이 특히 좋아하는 작업은 폭신폭신한 공을 만드는 것이다. 아이들에게 양모 뭉치를 하나씩 준다. 아이들이 작은 손가락으로 주의 깊게 양모 가닥들을 뽑아내면 그 뭉치는 크고 둥글고 투명한 구름 덩이처럼 커져 한 손에서 다른 손으로 굴릴 수 있게 된다. 이것으로 "눈 오는 저녁"이나 "번개 구름" 같은 놀이를 충분히 하고 나면, 두 손으로 구름 덩어리를 잡아 다른 아이들에게 넘겨주고 받으며 궁굴려 둥근 모양으로 만든다. 이렇게 구름 덩어리가 작은 공으로 변하며 단단해지는 동안 아이들은 손바닥에 따스한 기운을 느낄 것이다. 아이들 사이에서 옮겨 다니는 동안 양모 공은 손 안에 쏙 들어올 정도로 작아진다.

양모 공을 가지고 노래 부르고 시구를 암송하는 매력적이고 흥미로운 놀이는 가장 어린 아이들을 사로잡을 것이고, 좀 더 크고 놀이에 숙련된 아이들은 그것으로 더욱 극적인 놀이도 만들어 낼 것이다. 예를 들어, 한 아이가 작은 양모 공을 손바닥에 올려 두고 훅 불어 날리면 다른 아이가 그것을 잡는 놀이는 어떨까! 손을 동그랗게 오므려 그 안에 깃털처럼 가벼운 양모 공을 넣은 다음에 훅 하고 불면, 공은 그 안에서 빙글빙글 돌 뿐, 날아가지 않는다. 그 상태로 계속 바람을 불어넣으면, 그 공은 둥글게 오므린 손 안에서 빙글빙글 돌다가 멈췄다가 다시 돌기를 되풀이한다. 이 재미있는 실험을 하면서 아이들은 작은 양모 공과 자신의 숨과 손이 서로서로 영향을 미친다는 사실을 알아내는 것이다! 이렇게 작은 "굴리기 놀이"를 여러 가지로 바꾸는 것은 어렵지 않다. 손 안에서 "형성의 힘"이 깨어나 움직이면, 양모 공은 둥근 모양에서 달걀 모양으로 바뀌기도 할 것이다. 가장 작은 변화를 통해서 몸짓이 달라진다. 어린아이들은 특히 그런 일에 재능이 있다.

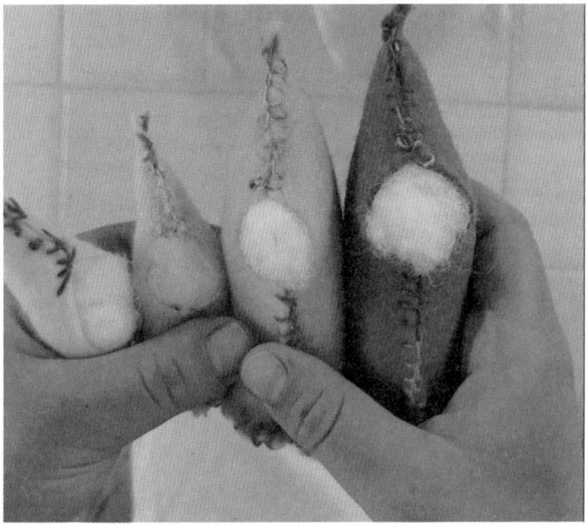

양모에서 "작은 덩어리"를 빼내어 엄지와 검지로 비벼 꼬아 새 부리처럼 만들면, 마치 작은 새가 손을 둥지 삼아 앉은 모양이 될 것이다. 그런 모양이 완성되지 않았을 때라도, 아니, 완성되지 않았기 때문에, 아이들은 신이 나서 그것에 대해 재잘거린다. 천이나 휴지를 날개 모양으로 잘라 그 새 등에다 바느질로 붙인다. 마지막으로 그것에 끈을 달아 나뭇가지에 묶으면, 위쪽에서 마리오네트 인형처럼 움직일 수 있게 된다. 아이들은 그렇게 만든 새를 들고 팔짝팔짝 뛰어다닐 것이다. 이렇게 양모만 있어도 손으로 할 수 있는 다양한 놀이가 가능해진다. 단순한 양모 공이지만, 바느질

몇 땀을 더하고 양모 실로 싸매거나 바느질로 형태를 고정하고 천에 붙여 갖가지 놀이 도구를 만들 수 있는 것이다.

어떤 아이는 양모 뭉치를 둥글게 만들어 새끼 양처럼 이리저리 굴러다니게 하고, 또 어떤 아이는 몸통이 긴 여우를 만들어 끌고 다니고, 통통한 토끼, 홀쭉한 난쟁이도 등장할 것이다. 이런 광경은 언제나 흥미진진하다. 창조의 순간에 아이들은 생기가 돌고, 놀이의 즐거움으로 훨씬 더 많은 장면을 만들어 낸다. 양에는 목동, 개, 초지라는 잘 어울리는 요소가 더 있고, 여우는 동굴이 필요할 것이며, 토끼에게는 움푹 꺼진 땅이 있어야 하고, 난쟁이가 있으면 백설공주와 자기들만의 왕국이 등장할 것이다.

초등학교에 입학할 준비가 되어가는 아이들은 이야기의 시작 부분을 꾸며내고 갖가지 물건을 손으로 조합해 낸다. 색색의 천, 돌, 뿌리, 그루터

기를 가져와 탁자나 구석에 작은 무대를 만든다. 아이들이 충동적으로 만들어 내는 이 작은 작품들은 일상적인 장면의 일부, 또는 판타지로 가득한 그림이 되어 가장 좋은 연극 무대 역할을 한다. 더 어린 아이들은 그것을 즐기는 관객이 된다. 눈앞에 펼쳐지는 것들에 입을 다물지 못하고 푹 빠져서 움직이고 떠들고 이야기를 꾸며낸다.

공연을 하는 아이들은(6~7세) 목동이나 왕을 만들 때 더 이상 양모 뭉치로 만족하지 못할 수도 있다. 그러면 아이들은 출연진에 적합한 의상을 고안해 낸다. 그래서 작은 인형을 만들게 된다. 이 과정에서 아이들은 새로운 손 기술을 경험하고 친구들과 협력하는 방법도 배우게 된다. 보름달처럼 둥근 양모 공은 아이들이 직접 염색했을 법한 직사각형 천 위에 놓여 있고, 한 아이가 작은 손으로 능숙하게 머리를 둥글게 묶어 잡고, 친구들은 실로 그것을 묶는다. 팔과 다리로는 천 조각을 꼬아 달아서 아래로 늘어지게 했다.

여름 내내 실크나 벨벳처럼 부드럽고 거친 잎과 꽃을 경험하느라 바빴던 아이들이 이제 천을 손으로 만져 확인하고 선택한다. 목동은 왕의 것과는 색만이 아니라 모양도 다른 망토가 필요하다. 한 아이가 이 "인형 옷"을 만들기 위해 대략 직사각형으로 천을 자르고 목 주변을 조금 접으면, 다른 친구가 리본을 둘러 묶는 것을 돕는다. 한 뭉치의 실크 실 혹은 양모를 몇번의 바느질과 매듭으로 고정하여 머리카락을 만든 다음, 눈과 입을 그려 넣으면 작은 인형이 완성된다! 아이들은 이렇게 사람의 모습만 아주 간단히 흉내 낸 작은 인형들을 진심으로 사랑스럽게 받아들이는 것이 보통이다. 그런 인형은 우리가 돈을 주고 살 수 있는 아주 비싸고 아름다운 인형보다도 더 많은 것을 할 수 있기 때문이다. 그것은 웃고, 울고, 잠자고, 깡충깡충 뛰고, 병 들고, 정말로 죽고, 그런 다음에는 다시 유치원으로 돌아온다. 이런 인형이 이토록 많은 것을 할 수 있는 이유는 무엇일까?

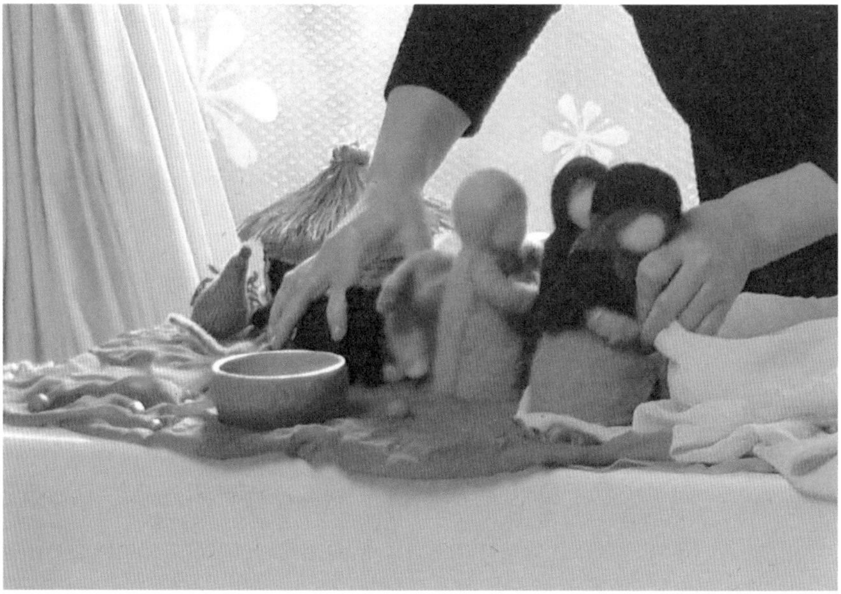

그런 것들은 완벽하지 않고, 따라서 아이들의 연상 활동을 자극하기 때문이다. 그런 것들에는 다양한 가능성이 열려 있다. 그렇다. 아이의 감정 활동을 통해서만 지속적으로 완성될 무엇인가가 만들어진 것이다. 그런 것들은 딱딱하고 이미 완성된 채로 주어지는 인형처럼 아이의 활동을 즉시 차단하지 않으므로 아이는 그것들을 대상으로 마음 가는 대로 이것저것 새로운 내용을 발명하게 되며, 또 그렇게 하지 않을 수 없다. 그런 인형을 위해 아이들은 왕관, 검, 목동의 주머니, 모자, 굽은 지팡이, 앞치마, 빗자루, 우산, 심지어 침대, 집까지 마련해 주어야 한다. 이 모든 활동을 하는 동안 우리는 아이들에게 절대로 뭔가를 사실에 가깝게 재현할 것을 요구하거나 그렇게 하지 못했다고 비판하지 말아야 한다.

여기서 중요한 것은 아름답고 순수한 재료를 사용하여 아이들의 예술적인 감각과 감수성이 깨어나도록 하는 것이다. 또한 아이의 창의성에 영감을 주는 어른의 적극적인 지원도 중요하다. 그렇다고 유치원에서 어른이 자신의 완벽주의를 구현하려 들어서는 안 된다. 그런 태도는 공감과 활기를 가지고 아직 어눌하지만 모방하려고 노력하는 아이를 방해할 뿐이다. 아이들은 오로지 자신의 경험을 통해서만 올바른 작업 방법을 습득한다. 아이들의 행동은 정말로 독창적이고 의미심장한 모습을 보일 때가 많다는 사실을 잊지 말자!

한 해 내내 일상생활과 갖가지 이야기에서 자극을 받아 많은 장난감이 만들어지는데, 거기에서는 그것들을 만든 손에 부여된 원초적인 제작 재능이 엿보인다. 재료를 다루는 데 아주 능숙하지는 않지만, 이 나이의 아이들은 선천적으로 몸짓과 움직임을 통해서 모든 것을 할 수 있는 재능이 있다.

유용하지만 예술적이지 않은 수작업을 아이들이 너무 일찍 경험하는 바람에 팔다리에 들어 있는 밝고 유연한 재능이 말라버리는 일이 일어나지 않도록 예방하는 것이 오늘날의 유치원의 과제이다. “본보기와 모방”이라는 유아기의 교육 원리는 올바른 교육 현장을 위한 열쇠이자 길잡이이다. 유치원의 아이들을 잘 이끄는 비법은 아이들이 삶의 환경에서 일어나는 일들을 가능한 한 많이 모방하도록 내버려두는 것이다. 영아들이 모방을 통해서 걷고 말하고 생각하는 법을 배우는 것처럼, 유아기에는 아이를 둘러싼 환경에서 일어나는 생활 양식이 아이의 발달에 영감을 주고 형태를 부여해야 한다. 인위적으로 고안되거나 체계적인 학습 단계로 만들어진 것은 오히려 훗날 아이들의 생명력을 약하게 만든다.

도라 돌더Dora Dolder

독일 국제 발도르프 유치원연합

3. 예술을 통한 인간 발달

앞의 글에서 보았듯이, 손의 교육은 건강한 뇌 발달을 향한 왕도이며, 따라서 감각들을 통합하는 데 가장 좋은 교육이 된다. 이제 우리는 손, 가슴, 머리의 교육인 예술을 전체적으로 주의 깊게 살펴보고, 특별히 습식 수채화 활동을 들여다볼 것이다.

뇌과학 연구에 의하면, 움직임은 학습에서 결정적으로 중요한 기반이 된다. 습식 수채화, 점토 조형, 직조 작업, 그림 그리기, 목공 작업처럼 온몸을 쓰는 예술 작업이 뇌 전체를 활동하게 하여 건강하고 전인적인 발달을 돕는다는 사실은 쉽게 확인할 수 있다. 가슴과 관련된 힘의 발달이나 자기 자신이나 세상과 관계를 맺는 아이의 능력처럼 섬세한 것들을 확인하기란 그보다는 어려울 것이다. 이 문제를 좀 더 면밀하게 들여다보자.

환경과 자신을 여전히 "하나로" 체험하는 아이들은 습식 수채화 같은 예술적 경험을 할 때 무의식적으로 그 순간 속에 "살아 있게" 된다. 어른들이 그림 그리기를 체험하는 방식은 아이들과 다르다. 그들은 온전히 관찰자의 위치에서 비접촉 상태에 머문다. 젖어 있는 큰 종이와 물감이 든 작은 병들을 보고 어른들은 "기본 재료만 있네?" 하고 말할 것이다. 어른들은 자기 앞에 놓인 것에서 그것을 구성하는 하나하나를 받아들인다. 반면에 아이들은 단순히 자기 전체로 색채에 다가가서 그 색채에 몰입한다. 붓으로 파랑 물감을 찍어 종이 위에 한 줄을 그을 때, 아이 자신이 잠시 동안 파랑이 된다. 그리고 빨강 물감을 한 줄 그을 때 아이의 내면에서는 완전히 새로운 일이 일어나, 아이는 갑자기 빨강이 된다! 빨강, 파랑의 세계와 하나가 되면서 아이는 자신과 색채의 관계를 온전히 느끼고 경험한다.

이렇게 직접 느끼는 가운데 이루어지는 경험은 어느 때가 되면 아이가 자신을 형성하는 데 영향을 미치는 변수를 만든다. 따라서 아이는 세상과의 관계 속에서 형성되고, 자신이 깨어나면서 세상을 수용한다. 이렇게 세상에 대한 지각을 통해 자신을 만드는 것은 가슴 영역에서 이루어진다. 아이가 성장하고 발달하는 동안 예술은 아이가 세상과의 관계 속에서 자신을 탐색하고 표현하는 지속적인 장소가 된다.

이 글에서 우리는 아이가 색의 세계와 관계를 맺는 능력에 어떤 힘이 잠재해 있음을 알 수 있다. 이런 이해는 건강에 영향을 미치고 건강 상태를 알려주는 색의 힘을 탐구하는 최근의 치유법들에 반영되기 시작했다. 이 글에서 우리는 아이가 습식 수채화를 그리는 동안 모방을 통해 얻는 여러 가지 능력이 어떻게 삶의 가장 필수적인 능력 중 하나인 의지가 깃든 진정한 사고로 변형하는지도 알게 된다.

샤리파 오펜하이머

탄생 첫날부터 신생아는 사람의 언어에 둘러싸인다. 말은 정신이 스며 있는 분위기를 만들고, 아기는 "스스로 숨쉬듯" 그 안으로 들어간다. 아이들은 모방하고, 듣고, 흡수하는 동시에 스스로를 형성한다. 오직 이를 통해서만 아이가 사람이 되며, 동시에 언어를 통해 자기 자신을 표현할 수 있게 된다. 언어와 유사하고 또 그만큼 중요한 - 인류의 영혼과 정신의 힘을 표현하는 최고의 수단인 - 예술은 성장하는 아이에게 영향을 미친다. 아이들이 인간으로서의 능력을 발달시키려면 아주 이른 시기부터 "예술적 환경"이 필요하다. 먼저 아이들은 주변 환경을 그대로 받아들인다. 그런 다음 스스로 그 환경을 기반으로 작업한다. 여기서 특히 중요한 것은, 교육자가 제공하는 예술과의 만남은 선물로 주어질 뿐 아니라 동시에 아이에게서 행동을 이끌어낸다는 사실이다. 예술의 함양은 아이에게 잠재되어 있는 창의적인 활동과 영혼의 힘을 깨운다. 이런 방식으로 여러 가지 예술 활동은 감각을 통해 각기 다른 지각을 불러일으킨다.

프리스쿨 아이들을 돌보는 활동은 아이의 감수성에 맞게 예술적으로 고려된 좋은 환경(색, 형태, 벽 장식, 소리, 장난감 등)을 갖춘 상태에서 시작할 필요가 있다. 그런 환경에서 하는 예술 활동에서 아이들은 남는 시간에나 하는 "예술 교육"을 통해 얻는 것보다 더 깊은 효과를 얻게

된다.

이 나이의 아이들이 실천적인 활동을 할 때는 분명 그에 맞는 방법이 필요하다. 어린아이들도 다양한 예술 영역으로 자기 나름대로 작업할 수는 있지만, 특별한 능력을 배운다는 목적은 없다. 우리는 아이가 예술 활동을 통해 나중에 음악가, 화가, 혹은 조각가로 자라기를 바라는 것이 아니다. 아이들이 할 수 있는 예술 활동으로는 밀랍이나 점토 빚기, 색칠하기, 음악과 리듬의 요소가 강한 동작 놀이, 킨더하프나 칸텔레(핀란드 하프)와 같은 단순한 현악기 연주 등이 있다.

이 글에서는 그림 그리기를 위한 방법을 제시할 것이다. 앞에서 언급한 여러 이유를 생각하면, 그리기는 형태의 완성을 목표로 하는 것으로 여기기보다는 아이가 자라는 동안 계속 달라질 수 있는 어떤 능력으로 접근해야 할 것이다. 그러나 이런 활동에서 고려해야 할 아주 중요한 점이 있다. 즉, 이 초기 단계에서 아이들은 온전한 존재로, 즉 신체, 영혼, 정신으로 된 완전체로서 모든 것을 흡수한다. 사람의 태아 형태에서 보이는 것은 이후의 발달 단계에서 이런저런 방식으로 반드시 다시 나타난다. 이에 따라 사고와 사회적 영역 등에서 갖가지 능력뿐 아니라 부족함도 나타나는데, 이런 것들과 초기의 예술적 활동이 연결되어 있다는 사실을 눈으로 확인하기란 쉽지 않다는 것도 깨달아야 한다. 차례차례, 또는 단계적으로 발달하는 능력과 더불어, 인간의 삶에는 다양한 발달 단계에서 변형생성을 통하여 완전히 새롭게 나타나는 능력도 있다.

습식 수채화

준비물: 50cm x 35cm 나무 판자, 도화지, 납작 붓 넓이(24mm), 수채화용 천연 물감, 희석한 물감을 담을 작은 용기들, 물통, 스폰지, 물감 섞는 작은 통.

아이들은 수채화 테이블을 준비할 때 기꺼이 돕는다. 아이들은 어른이 하는 활동이라면 뭐든 흥미롭게 관찰하고 적극적으로 돕고 싶어한다. 먼저, 테이블은 방수용 천으로 씌워 둔다. 물통에 물을 나누어 채우고, 또 모든 물통 옆에는 스폰지를 놓아 젖은 붓을 그 위에 톡톡 두드릴 수 있게 한다. 물감은 색깔별로 통에 담아 희석하고 부드럽게 저은 뒤, 작은 용기에 담아 테이블 위에 둔다. 도화지(너무 얇지 않고 물을 잘 흡수하는)는 큰 물통에서 적신 다음, 미리 축축하게 한 화판 위에 매끄럽게(주름이 생기지 않게 잘 당겨서) 펴준다. 이것으로 수채화를 그릴 준비가 끝난다.

당연한 얘기지만, 이런 것들을 아이들과 같이 준비하려면 그룹이 20~25명을 넘지 말아야 한다. (발도르프 유치원에서 이것은 기본 원칙이다.) 아이들을 나이로 나누지 않고 혼합연령(3~6세)으로 구성하면 더욱 바람직할 것이다. 그렇게 하면 아이들의 다양한 능력이 습식 수채화 과정의 다양한 활동으로 더욱 충족된다. 3세와 4세 아이들은 물감을 따르면서 아주 만족해하고, 5세와 6세 아이들은 좀 더 어려운 작업(예를 들어, 준비에 필요한 모든 물품 모으기, 테이블 정리하기, 유리컵을 씻고 물기를 닦기, 청소하기)을 맡는다. 아이들은 그룹 전체가 참여하는 습식 수채화 그리기를 둘러싼 일의 순서를 알아차리게 된다.

수채화 활동에서 얻는 체험

어른 쪽에서 무엇을 할지 미리 알려주면 아이들이 사전에 활동을 의식하게 될 수도 있다. 어른이 먼저 시범을 보이거나 주제를 소개하지 않으면, 아이들은 붓을 물감에 담갔다가 종이에 흐르듯 붓질을 하게 된다. 삼원색(빨강, 노랑, 파랑)만으로도 아이들에게는 상상할 수 없을 정도로 다양한 채도를 가진 색의 세계가 펼쳐지며, 아이들은 스스로 그런 색의 세계를 발견하게 된다. 특히 4세와 5세 아이들에게는 이 과정에서 커다란 탐구의 기쁨을 얻는다. 각각의 색깔이 다양한 위치에서 서로 흐르고 섞이면서 초록, 보라, 갈색 등 "중간색"들이 나타나기 때문이다.

아이들은 종이 위에서 색깔들이 만들어 내는 모습을 보며 탄성을 지르고 즐거워할 뿐 아니라 붓을 잘 씻다 보면 물의 색깔에도 변화가 생기는데, 이것이 습식 수채화에서 중요한 역할을 한다. 도화지 전체에 색이 칠해져서 물기로 인해 빛나고 반짝이면 아이는 크게 만족하는 순간을 경험하는데, 이런 만족감은 이어지는 자유놀이에도 영향을 미친다. 그림이 건조대 위로 옮겨지면, 그림 자체는 더 이상 아이에게 중요하지 않게 된다.

5세 반~ 6세 아이들이 하는 경험은 다르다. 첫 물감에 붓을 적시기도 전에 아이들은 자신이 칠하고 싶은 색깔을 생각하고 있거나, 나무, 성, 무지개 등 자신이 그리려 하는 사물을 정한 상태일 경우가 많다. 젖은 종이와 천연 수채화 물감이라는 조합으로는 명확한 선을 그릴 수 없는데, 이는 아이의 상상력을 발달시키는 데 더 효과적이다. 이미 그리기 시작한 형태에 새로운 색을 덧칠하는 일이 종종 벌어지는데, 이것은 아이들의 상상에 새로운 감각이 등장하기 때문이다. 색을 칠하는 동안이나 색칠을 끝냈을 때 아이들은 자신이 그린 그림에 대해서 어른들이나 다른 아이에게 무언가를, 특히 자기가 좋아하는 책 혹은 색칠한 그림에서 발견한 것들을 신이 나서 말할 것이다.

심지어 3세 아이에게도 이런 식으로 하는 수채화 활동은 즐거운 경험이 된다. 이때 아이들이 새로운 색을 칠하기 전에 붓을 깨끗이 씻는 등의 기술을 터득하리라고 기대하지 않는 것이 아주 중요하다. 교사가 이끄는 대로 붓을 쓰는 것도 불가능한 일이다. 아이들은 종이에다 열심히 혹은 소극적으로 붓을 앞뒤로 움직이기도 하는데, 아이들에게는 손을 움직이는 것과 물감의 흔적을 남기는 것이 수채화 활동에서 가장 중요함을 알 수 있다. 3세 아이들은 대부분 빨강과 같은 한 가지 색으로도 만족하고, 물감이 든 조그만 용기가 비어야 색칠하기를 끝낸다. 이때 다른 색의 물감을 받더라도 도화지 위의 첫 번째 색 옆에다 다른 색을 칠하기보다는 첫 번째 색 위에 덧칠한다. 세 번째 색의 물감을 줘도 마찬가지이다. 이를 보면, 그 나이의 아이들은 어둡고 구분이 안가는 표면, 그리고 세 가지 물감 용기 등에서 각각의 색이 가진 차이를 의식하지 않는다. 그런데 하나의 색으로 시작해 점점 다른 색의 수를 늘려 주면, 아이들은 오래지 않아 한 가지 색 위에 다른 것을 덧칠하기보다는 그 옆에 다른 색을 칠하는 것을 배우게 된다.

3세 아이들 대부분은 색칠하는 동안 매우 조용하고 바쁘게 참여하며, 각자가 물감통을 따로 사용할 때는 더욱 그렇게 된다. 4, 5세 아이들은 도화지 위에 뭔가 진전이 있으면 다소 적극적으로 서로에게 알리며 즐거워한다. 5, 6세 아이들은 그 전과 마찬가지로 조용하고 열심히 참여하는 분위기인 데 더하여 제대로 사려 깊고 주의 깊은 태도까지 보인다. 이 나이의 아이들은 수채화를 그리는 동안 서로 그림의 내용 혹은 색깔에 관해서 의견을 나누기도 한다.

모방하면서 배우는 수채화 활동

프리스쿨 아이들은 다른 것을 배울 때와 마찬가지로 수채화 그리기도 어른을 모방할 때 가장 잘 배운다. 따라서 아이들이 부모, 유아교사, 혹은 손위 형제자매가 그림 그리는 모습을 보는 것은 아주 큰 도움이 된다. 특별한 지도 없이도 아이들은 그 나이에 적절한 방식으로 색칠하는 방법을 이해한다. 아이들은 어른이 그림 그리는 모습을 보면 그 자리에서 자기도 하고 싶어하고(3세), 당장은 아니어도 다른 때에 혼자서 해 보려 한다(5, 6세). 재료 준비나 뒷정리처럼 수채화 그리기와 밀접하게 연관된 기술적인 과제도 어른을 모방하는 가운데 익히게 된다. 색칠하기를 진행하는 데 얼마

만큼의 작업이 필요할지를 둘러싼 모든 의구심은 아이들의 이런 도움으로 해소될 것이다.

어른이 먼저 새로운 물감에 붓을 적시기 전에 주의 깊게 붓을 씻어서 스폰지에 닦는 모습을 보여주면, 아이들은 모두 그 순서대로 따라한다. 건강한 아이라면 판타지 놀이 속에서 주변의 모든 행동이나 움직임을 모방하거나 따라하려는 경향이 강하기 때문이다. 어른의 행동은 말로 하는 설명보다 아이들에게 더 깊이 작용하여 이해된다.

초등학교에 다니기 시작하면, 판타지로 가득 차 자유롭게 색깔을 대하던 활동은 교사가 말로 지도하는 가운데 그 시기의 수업 내용과 관련된 것을 다루는 그리기 활동으로 대체된다. 이제부터 그림 그리기는 정해진 단계에 따라 진행되고, 모든 사람이 그 결과물을 보게 된다.

삶의 이후 단계에서 변형되어 나타나는 것

대화를 할 때 상대의 다양한 반응을 보는 동시에 그 반응에 영향을 받으며 조심스럽게 말하는 어른이 있다면, 그런 능력은 부분적으로 어릴 때 색깔과 붓을 통해 얻은 경험이라는 보이지 않는 가르침 덕분일 것이다.

성인이 논리라고 알고 있는 것은 항상 어릴 때 주변을 모방하면서 배운 목적을 향한 단계들의 결과물이다. 수채화 그리기에 내재하는 단계는 "유용한" 결과를 보장한다. 어른의 사고 안에서는 각 단계를 주의 깊게 연결하는 것이 분명한 결론을 이끌어 낸다.

어린 나이에 색채의 섬세한 차이나 힘, 그리고 색칠할 때 색의 짙고 옅음에 주의를 집중하는 법을 배우면, 나중에 어른이 되어 여러 사회적인 상황에서 자기 주장을 하거나 다른 사람의 의사를 받아들이는 내적 능력을 발휘하기가 수월할 것이다.

습식 수채화 활동에는 세심하게 행동하기, 주의 기울이기, 기다리기,

작업 과정 따라하기, 색 혼합의 법칙 경험하기, 힘을 조절해 가며 색칠하기 등의 과정들이 포함된다. 조금씩 깨어나는 과정에 있는 아이들의 영혼은 이 모든 활동에서 끊임없이 새로운 자극을 얻고, 이는 아이들이 자신의 신체를 이해하고 감각기관과 사지의 반응 능력을 발달시키는 데 도움이 된다.

물론 아이들은 이를 의식하지 못한다. 아이들은 자신이 하고 있는 행위를 비추어 보지 않고 오로지 그 활동 자체에 철저하게 몰두한다. 그렇게 되면 아이들의 체험은 심층적인 수준에서 이루어지고, 그런 수준에서 머물던 체험은 삶의 이후 단계에서 의식으로 올라와 삶을 이끄는 여러 능력으로 드러나게 된다. 바로 이런 효과에서 학령기 이전의 예술적인 활동이 인간의 발달에 얼마나 중요한지가 드러난다. 예술은 단순히 "현실의 삶"에 더해지는 심미적 요소에 그치는 것이 아니다. 그것은 목표를 향한 지속적인 노력의 실천이며, 따라서 사람이 삶을 제대로 이끌어갈 기반이 될 수 있다.

프레야 야프케Freya Jaffke
독일 국제 발도르프 유치원연합

4. 아침 열기 활동

유아교사는 아침 열기를 하루 일과의 시작을 알리는 축소판으로 만들기 위해 애쓴다. 그리고 발도르프 유치원에서 보내는 아이의 하루는 인생이라는 커다란 리듬의 축소판이 되도록 꾸며진다. 아침 열기 활동에서는 삶의 바탕을 이루는 것들을 체험한다. 느리게 흘러가는 계절의 변화, 그런 계절의 변화에 대한 사람들의 반응, 리듬과 분위기의 다양함과 그 영향, 사람을 인도하는 음악의 힘, 몸짓 언어, 말의 힘, 규율의 바탕이 되는 사랑, 그리고 앞의 글에서 언급한 모방을 통한 학습의 본질, 어른들이 보이는 모범의 중요성 등이 그런 것들이다.

아침 열기 활동에서 아이들은 다양한 스킬을 익히는데, 그 모든 배움은 아이들에게 주어진 모방이라는 위대한 재능을 통해 성취된다. 여기서 우리는 배움의 세 가지 본질적 요소를 보게 된다. 감각을 통한 수용, 반응을 자극하는 움직

임, 어른이라는 롤 모델에 대한 모방이라는 요소들이 아름답고 즐거운 분위기와 결합한 것이 바로 배움이다.

- 아이의 감각은 노래, 악기 연주, 함께 어울리는 친구들을 보는 즐거움, 손뼉을 치고 발을 구르고 몸을 꿈틀대면서 얻는 촉감각의 만족과 자극으로 활기를 얻는다.
- 아이가 본능적으로 움직임을 통해 하게 되는 반응은 교사가 이끄는 활동의 다양한 형태와 속도에 의해 활발해진다.
- 아이는 교사의 말과 몸짓만이 아니라 심리적 상태까지도 모방한다.

이 장에서 낸시 포스터는 즐거움을 매개로 하는 규율을 다룬다! 정말로 교사는 연구하고 준비하고 기억하면서 일해야 한다. 하지만 아침 열기 활동은 무엇보다 즐거움을 바탕으로 이루어진다. 규율("discipline")이라는 단어는 제자("disciple"), 즉 사랑하는 마음으로 따르는 제자라는 단어와 그 뿌리가 같다. 교사가 아침 열기

활동을 사랑하는가? 그렇다면 교사의 사랑은 아이들의 세계 안으로, 심지어 아이들의 몸 안으로 들어가 빛을 발한다!

아이들의 운동 기능은 크고 작은 몸짓을 하고 다양한 리듬을 체험하면서 숙련된다. 아침 열기의 움직임은 교사가 이끌며, 실외 자유놀이 시간이나 실내 자유놀이 시간의 자연스러운 움직임처럼 완전히 "자유로운" 것은 아니다. 따라서 아침 열기의 움직임은 자연스러운 움직임을 선호하는 아이들의 성향을 확장시킨다. 아이들의 언어 능력은 교사가 선택하는 시, 운문, 손유희, 노래 등을 통해 풍부해진다. 어린아이들의 기억 능력은 어른의 기억 능력과는 그 종류가 다르다. 아이들은 지각보다는 주로 감각을 통해 기억한다. 몸에 바탕을 둔 이 아이들의 기억은 언어의 기초로 사용되는 몸짓에 의해 강화된다. 몸짓은 말이 나오기 직전에 시작된다. 몸짓은 언어의 도입부인 셈이다. 이를테면 아침 열기의 움직임은 특정한 줄거리에 따라 진행되므로 상상의 그림을 만드는 능력을 발달시킨다. 이 상상의 그림 만들기는 훗날 모든 지적 학습 활동에서 결정적인 요소가 된다. 그뿐 아니라 아이들의 사회적 능력도 발달한다. 많은 친구와 가까이 있는 자리에서 다양한 움직임 놀이를 하려면 자신이 지켜야 할 경계를 잘 감지할 수 있어야 하며, 맥락을 놓치거나 어리석은 행동을 하는 일이 없어야 한다! 이런 경험을 하면서 기꺼이 따라오는 과정에서 아이들의 자기 통제 능력이 강화된다.

아침 열기 모임은 유치원에서 지내는 오전 시간의 중심이 된다. 오전 시간에는 많은 요소가 차례대로 섞이고 흐르는데, 아침 열기를 구성하는 요소도 마찬가지이다. 하루를 구성하는 요소들이 집약된 아침 열기 활동은 하나의 통합체로 조직된다.

샤리파 오펜하이머

루돌프 슈타이너는 나무 한 그루를 연구하려면 그것을 지구 전체와 연계해서 보아야 한다고 말했다. 어떻게 보면 아침 열기 활동도 마찬가지이다. 아침 열기를 따로 떼내어 보는 대신, 전체와의 관계에서 보아야 하는 것이다. 우리는 발도르프 현장에서 이루어지는 리듬을 일종의 건강한 들숨과 날숨으로 보아야 한다. 아침은 산과 골짜기로 여겨야 한다. 그렇다고 벼랑이 있기를 바라는 것은 아니다! 어쨌든 풍경이 너무 밋밋해도 곤란하다. 유치원의 아침은 서로 다른 내용으로 이어져야 하고, 이런 진행은 언제나 모방이라는 요소를 통해서 이루어져야 한다. 우리는 꿈꾸는 상태인 아이들의 의식이 유지되도록 하는 가운데 아이들이 늘 모방을 통해서 삶 안으로 들어가게 한다. 의식이 꿈꾸는 상태라는 것은 몽환적이거나 불안정한 의식을 뜻하는 말이 아니다. 그것은 자의식이 확실하지 않은 채로 무엇인가에 참여하는 것을 가리킨다. 꿈을 꾸고 있는 동안 우리는 대상을 분석하지 못한다. 아이들은 단지 자신이 맞닥뜨리는 것을 보고 행동할 따름이다. 모방은 아이들의 꿈꾸는 의식을 방해하지 않는다. 꿈꾸는 의식 없이는 아이들이 자기 앞에서 벌어지는 일 안으로 제대로 들어갈 수 없는 것이다.

우리는 아침 열기 활동에서 아이들을 즐겁게 해 주려 하지 않고, 현장의 환경과 사람의 삶과 연관된 모든 활동에 신경을 씀으로써 유치원에서 하는 모든 활동에 생명을 불어넣으려 애쓸 따름이다.

아침 열기로 하는 라이겐(원 모임)은 유치원 생활의 축소판이며, 유치원은 삶의 축소판이다. 라이겐은 기쁘고 평온한 시간이어야 한다. 여기서 평온함이란 평화롭고 안전하다는 느낌을 주는 분위기를 말한다. 이런 맥락에서, 그리고 다양한 연령대 아이들의 요구, 원칙, 축제 시기의 움직임 등을 포함해서 아침 열기 활동을 들여다보자. 우선 내용을 보면, 라이겐

동작에서는 통합을 생각해야 한다. 한 가지 주제를 정하고, 그 주제에 관한 움직임 활동을 차례대로 진행한다. 먼저 주제를 정해야 한다. 가장 확실한 주제는 계절의 흐름이다. 한 해가 흐르는 동안 자연계의 식물과 동물에게는 무슨 일이 일어나고, 우리 인간은 그런 자연과 어떤 관계가 있을까? 오늘날 아이들은 인간과 삶에 연관된 이런 원형적인 상(그림)들을 접할 기회가 이전처럼 많지 않다. 생각해야 할 또 하나의 측면은 종교적 절기와 자연의 계절을 잘 조합하는 것이다. 이것은 아이들을 자연과 만나게 하는 좋은 방법이다.

라이겐 활동을 구상할 때는 기쁨과 슬픔, 유머와 진지함, 활기와 차분함 등 상반되는 분위기를 포함시켜야 한다. 그뿐 아니라 움직임 자체에도 상반되는 요소가 들어가야 한다. 빠르고 느린 동작, 위를 향하고 아래를 향하는 움직임, 크고 작은 움직임, 펼치고 움츠리는 움직임 등이 있어야 하는 것이다. 이런 상반된 내용을 통해 라이겐 활동은 활기와 생동감을 얻고, 아이들이 라이겐 활동에 익숙해진 다음에는 그 내용을 다양한 형태로

응용할 수 있게 된다.

노래와 운문을 도입할 때는 두세 줄 정도의 짧은 가사를 유연하게 읽어 주는 방식으로 한다. 이를 반복하면 아이들이 가사를 따라하기가 쉬워진다. 아이들이 가사에 익숙해지면 이런 반복은 더 이상 필요하지 않다.

라이겐 활동을 구상할 때도 반복이 들어 있어야 한다. 어떤 주제를 정해서 시작한 다음에는 그 기본 주제에 뭔가를 더하면서 몇 주를 이어간다. 가을 수확철에는 며칠 동안 벼베기라는 주제를 이어가면서 볏단 묶기 등을 더하는 식이다. 이런 주제 관련 활동을 매번 넣을 필요는 없다. 라이겐이 길어지면 주제 활동은 도중에 시작해도 된다.

크리스마스를 향해 가는 시기에는 활동의 소재가 이전과는 완전히 달라질 것이다. 또는 한두 가지 노래나 운문을 준비해서 조금씩 주제를 바꾸어 갈 수도 있다. 좀 더 큰 아이들과는 매일 같은 주제를 반복하는 가운데 다른 요소들을 조합하는 것도 가능하다.

"5도 분위기 음악(슈타이너가 제시한 '5도 분위기' 음악의 구성은 '라'음을 중심으로 5도씩 올라가거나 내려간다.- 역주)"은 우리가 사용해 볼 필요가 있는 음악적 수단이다. 물론 단순히 5도 분위기 음악만 사용할 것이 아니라 음악의 성격도 따져서 골라야 한다. 유아기에 만나는 음악은 꿈을 꾸는 듯 순수하고 단순하면서도 수준 있는 것, 간단히 말해서 아름답고 가치 있는 것이어야 한다. 민속 음악에는 아름다운 노래가 많다. 교사가 5도 분위기 음악에 익숙하다면 아이들도 그런 노래를 부르기가 어렵지 않을 것이다. 결국 교사가 시간과 노력을 투자해야 할 일이며, 5도 분위기 음악이 틀림없이 아이들을 발달시킨다는 사실을 아는 것도 도움이 된다.

리듬도 중요한 역할을 한다. 초등학교에 들어가기 전에는 아이들이 리듬에 맞춰 걷거나 손뼉을 치지 못 하는 것이 보통이다. 하지만 교사는 리듬을 생각해야 한다. 교사는 말하고 노래할 때 그 속도에 주목해야 한다. 아이들의 내면에 있는 속도는 어른들의 속도와는 다르므로 아이들에게 알맞은 속도를 선택해서 말하고 노래해야 한다.

아이들은 손유희를 좋아하지만, 너무 많이 하지는 않는 것이 좋다. 놀이에서는 양보다 질이 중요하다. 교사의 독창적인 몸짓을 덧붙인 동요를 사용하는 것이 좋을 때도 있다. 단어와 그에 적합한 동작을 창의적으로 사용하도록 노력해야 한다.

독일어권보다는 영어권에서 더 많이 하는 전래 동요 부르기도 도입할 가치가 있는데, 이것은 아이들이 좀 더 자라 학교에 갔을 때 특히 바람직한 영향을 미친다. 이런 노래 부르기는 라이겐 활동으로 아침 열기를 채우지 않을 때에도 할 수 있다. 예를 들면, 주 3일은 라이겐을 하고, 하루나 이틀은 라이겐의 일부만 하고 리듬적인 소절과 노래 부르는 시간을 가질 수도 있다. 또는 전체 라이겐이 너무 길지 않은 경우에는 라이겐 동작에 이어서 노래를 부르면 좋다. 라이겐 활동이 연극으로 만들어질 때는 의상을 사용할 수도 있지만, 우리는 의상 없이 하는 것이 더 낫다고 생각한다. 크리스마스와 동방박사 연극, 이야기 시간에 하는 백설공주 연극을 할 때는 의상을 갖추는 것이 바람직하다.

라이겐의 형태에 관해서 알아보자. 좀 어린 아이들이 섞여 있는 경우, 라이겐은 종종 원이 아니라 불규칙한 집단이 된다. 더 어린 아이들에게는 이런 상황도 바람직하다. 나이가 많은 아이들이 동생뻘인 아이들의 실수를 고쳐줄 수도 있는데, 물론 그런 것을 기대할 필요는 없다. 노래 부르기를 할 때는 손을 잡고 움직이는 것이 원 모양을 만드는 데 좋다. 동그란 모양은 그룹 아이들의 나이를 고려해서 단계적으로 도입한다.

원은 둥글고 하나로 이어져 있어 시작이나 끝이 없다는 데 그 의의가 있다. 이렇게 하나로 이어진 원 모양은 어린아이들에게 바람직한 요소가 된다. 큰 원은 어린아이들이 자연스럽게 그 원의 바깥쪽을 따라 걷도록 만든다. 누군가를 바깥으로 배제하는 느낌을 주지 않아야 한다. 그리고 우리는 한 아이만을 원 중앙에 들어가게 하지 않는다. 라이겐 활동에 게임을 도입해서 한 아이를 가운데 세워야 할 경우, 보조교사가 아이 한둘과 함께 들어가게 한다. 나중에는 두세 아이를 가운데 넣는다. 원의 중심에 '농부'를 둘 때는 두세 아이가 그 역할을 맡을 수 있다.

라이겐 활동을 하는 동안 교사의 역할은 오전에 진행되는 다른 활동에서의 역할과는 다르다. 자유놀이는 아이의 속도에 맞추어야 하지만, 라이겐에서는 교사가 속도를 정한다. 이런 재량을 통해서 교사는 그룹의 조화와 치유를 지향할 기회를 갖는다. 교사의 목소리는 분명하고 깨끗해야 하며, 낮거나 무거운 어조가 되지 않도록 한다. 따라서 집에서 꾸준히 노래 연습을 해야 한다. 현장에서는 정확한 음정으로 시작하도록 노력하고, 이를 위해서 시작 전에 라이어[3] 악기의 "라"(A) 소리를 내어 음을 맞추면 좋다. 멜로디에 빠져들어 적당히 얼버무리지 말고, 악보의 음 하나하나를 분명하게 따라간다. 그리고 가수처럼 비브라토를 넣지는 말고, 자연스러운 소리로 아이들에게 맞는 분위기를 만들도록 한다. 아이들은 어조에 매우 민감하게 반응한다.

교사의 몸짓도 아주 중요하다. 많은 어른이 바람직한 몸짓

3) 서양 전통 악기인 리라를 닮은 라이어Leier는 온음계로 조율된 7선 현악기로, 루돌프 슈타이너의 이론을 바탕으로 에드문트 프라흐트Edmund Pracht와 로타르 게르트너Lothar Gärtner가 제작했다. 오늘날 발도르프 교육 현장에서 널리 쓰인다.

을 하는 것에 서툴다. 몸짓은 마음에서 우러나와야 한다. 이를 위해서는 오이리트미 수업이 정말 좋은 훈련이 될 것이다. 올바른 몸짓을 하려면 언어에 그림처럼 들어 있는 움직임의 특성 안으로 들어가도록 힘써야 한다. 오이리트미 동작은 소리, 단어, 어조에서 자연스럽게 나온다. 이와는 달리 라이겐의 몸짓은 대상의 특징 또는 대상의 움직임에서 그 모습이 만들어진다. 오이리트미에서는 "파도"라는 말소리의 몸짓을 자음 "ㅍ"에 담긴 형성력에서 이끌어낼 것이다. 라이겐을 이끄는 교사의 경우에는 파도의 움직임을 모방해서 몸짓을 할 수 있다. 양쪽이 그 근원은 다르지만 비슷한 동작이 나올 수도 있다. 교사가 자신의 활동에 몸짓을 동반하는 것은 상당히 도전적인 일이다. 한 가지 몸짓에서 다른 몸짓으로 부드럽게 옮겨가야 하고, 너무 많거나 너무 복잡한 몸짓도 바람직하지 않다. 라이겐 활동에 동작이 너무 많으면, 아이들은 혼란스러워한다. 언제나 모방을 바탕으로 해야 하고, 말이나 노래가 나오기 직전에 몸짓을 먼저 보이면서 시작하는 것이 좋다. 그래야 아이들이 말이나 노래를 따라하기 쉽다.

교사는 자신이 라이겐 활동에 어떤 분위기를 만드는지 유념해야 한다. 모든 동작을 완전히 의식적으로 하고, 무엇을 하든 그 안에 온전히 빠져들어 있어야 한다. 라이겐을 즐기고, 준비를 잘 하고, 집중해야 한다! 현실 감각을 유지해야 한다. 라이겐에서 할 모든 것과 갖가지 적용 방법에 대한 준비는 집에서 완료한다. 노래와 시를 준비할 때는 그에 따를 몸짓도 함께 구상한다. 늘 준비하기를 잊지 말아야 라이겐 활동이 판에 박은 듯 반복되지 않는다. 활동 자료를 언제나 잘 준비해야 한다.

작은 변화와 다양한 요소들을 더하면 아침 열기 활동에 다양한 변화를 줄 수 있다. 이런 변화는 특히 큰 아이들의 흥미를 끌게 된다.

촛불 시간에는 우리가 보통 하는 것처럼 영혼적인 것을 느낄 수 있는 부분을 따로 마련한다. 교사는 유치원에서 종종 촛불을 켜게 된다. 어떤 교사는 아침 열기를 시작할 때 밀납초 사용을 선호한다. 초로 장식한 조그만 계절탁자를 원의 한가운데 놓고 아침 노래를 부른다. 촛불을 켠 뒤, 시를 읊는다. 일년 내내 동일한 시를 읊는데, 이때는 몸 동작을 하지 않는다. 시 암송에 이어 계절 노래를 부르고, 촛불을 끈 뒤에 라이겐을 이어간다.

이야기 시간을 이용해서 성탄극이나 동방박사극을 할 경우에는 라이겐 활동을 다른 날보다 조금 짧게 가진다.

규칙을 지켜야 한다. 아침 열기에는 모든 구성원이 참여해야 한다는 규칙 말이다. "모두 함께하는 것!"이라는 말을 마음속에 새기고 있어야 한다. 처음에는 아침 열기 모임을 무척 힘들어하는 예외적인 아이들도 있다. 하지만 상관없다. 그런 아이들은 참여하고 싶은 생각이 들 때까지 지켜보기만 해도 된다. (이런 경우는 아주 드물지만, 그렇다고 무시해서는 안 된다.)

우리는 모두 즐겁게 모임에 참여한다. 규칙을 잘 지키는 상태, 또는 규칙조차 필요 없는 상태는 어느 쪽이든 아침 열기의 내용이 좋아야 가능해진다. 유연하고 융통성 있게, 그리고 적절한 내용으로 준비해야 한다. 늘 모방이라는 원칙을 바탕으로 진행한다. "자, 이제 이런 걸 할 거야"라는 말은 하지 말아야 한다. 무엇이든 아무런 언급 없이 시작하고, 아이들이 일어서서 준비될 때를 기다려 시작하는 일이 없도록 한다. 규율에 문제가 있다는 생각이 들면 교사 자신을 되돌아보아야 한다. '준비는 충분했는가? 내용이 나 자신에게도 흥미로웠는가? 너무 긴장된 목소리를 내지는 않았는가?' 등을 생각해 보는 것이다. 교사가 이끄는 방식에 문제가 있는 경우가 흔하다. 물론 특정한 아이가 문제의 원인일 수도 있다. 그럴 경우 그 아이와는 오전 다른 때에 함께하는 시간을 가지는 것이 어떨까?

아침 열기 활동을 "보여주고 이야기해 주는 시간" 또는 "토론하는 시간"으로 여겨도 안 된다. 그런 내용은 아이들을 너무 현실적이고 명료한 의식 안으로 들어가게 하여 아이다운 감정을 방해한다. 오전 다른 시간에 아이들이 집에서 있었던 일을 친구들이나 교사와 나눌 수 있을 것이고, 그런 방식이 자리를 잡으면, 아이들은 아침 열기에 온전히 참여하게 될 것이다.

낸시 포스터Nancy Foster

미국 에이컨Acorn 아동센터

5. 동화, 그리고 인간에 대한 이미지

우리가 가진 가장 인간적인 능력은 필요에 의해서든 아니든 이야기를 지어낼 수 있다는 것이다. 계속 발달하는 아이의 영혼은 이렇게 지어낸 이야기를 통해서 사람답다는 것이 무슨 의미인지 알기 시작한다. "자, 이제 기저귀를 갈아야겠어. … 훨씬 편해졌지? 그럼 한 숨 자렴." 이렇게 날마다 듣는 일상적인 이야기에서 아기는 세상에서 펼쳐지는 리듬을 지각하게 된다. 아장아장 걷는 아기에게 집안과 마당에서 이루어지는 단순한 활동에 대한 이야기를 들려주면, 이는 형성하는 힘을 가진 이야기가 된다. 사랑으로 가득한 엄마가 아이에게 부엌 창밖에 있는 개똥지빠귀 가족 이야기를 할 때, 이 엄마는 이 세상의 생명에 대한 아주 특별한 그림을 만들어 낸다. 이 그림은 엄마가 언론의 아침 뉴스에서 전쟁이나 지구 온난화 이야기를 들을 때 그려 내게 되는 생명감과는 완전히 다르다.

의식과 운명의 모양을 만들어 내는 이야기의 힘은 예로부터 잘 알려져 있다. 시대를 막론하고 어느 사회에서나 사람의 행동에 영향을 미치기 위해 이야기를 사용했다. 이야기는 사람의 선택에 따르는 결과와 영향을 보여주는 도구로 쓰인다. 그리고 이야기는 늘 이 지상에서 삶의 여정을 이어가는 사람들에게 인간성이란 것을 상기시키는 도구였다. 세계 어디서나 이야기는 우주로부터 온 인간의 여정에 대한 경험담이었고, 본래 고향으로 돌아갈 길을 보여주는 길잡이였다.

21세기가 된 지금도 이런 이야기의 힘은 여전하다. 다만 불행히도 이야기는 무한히 많은 제품을 끝없이 사들여야 행복해진다는 광고에도 사용된다. 그래도 위안이 되는 것은, 지구와 자신과 타인에 대한 존중을 바탕으로 새로운 미래를 만들려고 노력하는 사람들도 이 이야기를 사용한다는 사실이다. 하지만 이야기라는 도구를 쥔 가장 강력한 손은 아이들의 마음에서 미래를 느끼는 부모와 교육자의 손이다.

이 장에서 우리는 동화의 이미지가 사람으로 커가는 과정과 도전만이 아니라 그런 도전을 감당하는 데 필요한 여러 능력에 중요하다는 사실을 이해하게 될 것이다. 또한 아이들이 어른들처럼 비판적인 사고를 통해서가 아니라 동화의 캐릭터와 자신을 동일시하는 자연스러운 과정에서 이야기의 결말을 이해하고 받아들이게 된다는 사실도 알게 될 것이다. 자기 미래의 모습을 더욱 의식적으로 선택할 수 있도록 아이들을 인도하는 것은 바로 이런 이야기를 통한 마음의 조율이기 때문이다.

샤리파 오펜하이머

전래 동화는 인류의 어린 시절에 시작된 것으로, 지금과는 다른 의식 상태에서 유래했다. 인간이 사고하는 방식이 오랜 세월 변형과 발달을 거쳐왔다는 것, 그리고 인류의 역사가 의식의 변형과 발달의 역사라는 것을 이해해야 역사를 깊이 이해할 수 있음을 받아들일 때에만, 동화에 들어 있는 보물이 오늘날의 인간에게 그 진가를 드러낼 수 있다. 감정을 뿜어내고 이미지로 가득한 의식, 꿈꾸는 상태에서 경험에 의존하는 의식은 오늘날 우리의 비판적인 의식, 관찰에 의존하여 관념으로 가득하고 깨어 있는 의식에 앞선 것이었다. 영혼의 세계, 창조, 지구의 의미, 운명과 삶의 과제에 담긴 의미 등에 대한 인류의 지식은 신화의 상상과 전통적 종교의 영감에 관한 고대의 신비관에 의해 각인되었다. 이런 까닭에 해, 달, 별, 동물, 식물, 암석 등에 숨은 진실은 지금도 인간의 상상과 기도 등을 통해 전달된다. 또한 삶의 굴곡진 여정, 저급하고 폭력적인 모든 것과의 갈등, 지상에 살기 위해 태어나는 과정과 죽음 등에서 그 모습을 드러내는 불멸이라는 인간의 본질을 말해 주는 것도 그런 상상과 기도이다.

전래동화는 이 신비적 언어의 잔존물이다. 그리고 아이들은 그런 과거의 의식 단계를 통과한다. 그래서 아이들은 동화의 이미지들과 함께 살고 그 이미지들에 의해 끝없이 온기를 받고 채워진다. 신비로운 것들 안에서 사람들은 감각 뒤에 숨은 갖가지 힘과 형태의 영혼적 모습을 직접 깨닫고 경험했다. 세계 여러 종교의 오래된 숭배를 낳기도 한 이 진실의 원천을 바탕으로, 동화는 내적 성찰 없이 경험에 의존하는 아이들의 의식에 말을 건다. 그러면 아이들은 이 원천을 바탕으로 자신의 내면에서 형성력을 만들어 낸다. 정신적 지각의 힘을 새로이 얻는 수련법과 과학적이고 현대적인 의식으로 행하는 명상법을 제시한 루돌프 슈타이너가 전래동화를 아이 영혼의 치유제라고 말한 것도 그런 이유였다. 사람을 형성하고 성장시키는 우주적 힘들은 아이의 몸을 점점 이 지상의 삶에 적합해지도록 만들고 단단하게 한다. 동시에 이 힘들은 동화의 이미지에 들어 있는 영혼적 내용들의 외적 형태에서도 활동하여 아이의 생명력을 키운다. "사람의 영혼은 그 핏줄 안에 동화의 본질이 끝없이 흘러야 하는데, 이는 몸 안에 영양분이 순환해야 하는 것과 마찬가지입니다."(루돌프 슈타이너)

우리는 전래동화를 우리의 내적, 외적 요구에 따른 궁극적인 질문에 대한 답으로 이해할 수 있다. 예술적인 감각으로 동화의 의미를 완전히 체험하지는 못한 유아교사도 동화를 더욱 명확하게 이해할 수 있다. 준비 작업이 그런 이해를 가능하게 할 것이다. 현대인이 아이들에 대한 사랑을 배우는 데는 노력이 필요하다. 옛날처럼 어린아이들과의 진심 어린 관계라는 것은 더 이상 존재하지 않으므로, 오늘날 사람들은 인류의 아동기에서 인간 전체에 대한 내적인 이해를 얻어야 한다. 동화적인 분위기, 동화적인 환경을 새로이 창안하는 것이 가치 있는 일인 이유가 바로 그것이다.

시인 노발리스는 말한다. "시는 지성에 인한 상처를 치유한다." 현실적, 합리적, 과학적인 방법에서 얻는 것보다 더 깊은 진리가 시 안에 있다는 이야기일 것이다. 동화의 시기를 지나고 있는 아이들뿐 아니라 누구에게나 설명을 할 때는 이 시라는 예술이 섞여 있어야 한다. 어릴 때부터 배우도록 되어 있는 세포분열이나 염색체 같은 메마른 단어들로는 사람이 태어나는 준비 과정에 대한 진실을 조금도 설명하지 못한다. 유전, 인간적인 사랑, 운명을 찾아나서는 자아의 정신 등이 그 준비 과정에 개입한다. 우주와 지구도 마찬가지다. 성 식스투스 성당 그림에서 화가 라파엘로는 하늘을 파랗게 채웠다. 성모 마리아가 아기 예수를 지상의 삶으로 데려오고 있고, 아래에는 아직 태어나지 않은 아기들의 얼굴도 보인다.

아주 작은 사람의 몸이 고통스럽게 엄마의 몸에서 나와 이 세상의 빛과 마주하는 순간을 함께하는 누구라도 걱정스러운 마음에서 이런 질문을 하게 될 것이다. 첫 숨을 쉬고 첫 울음을 우는 영혼이 아직 살아갈 능력이 없는 이 몸 안으로 들어갈 수 있을까? 또한 숨을 쉬는 리듬을 타고 영혼이 그 몸 안으로 들어가 사람의 출생이 완성될 때의 기쁨도 알 것이다. 한 줌 먼지 덩어리가 신의 사랑으로 영혼을 가지게 된다는 그리스도교 성서의 창조 이야기는 신이 아담에게 생명의 숨을 불어넣는다는 따스한 진리를 그림처럼 보여준다.

진리를 향한 욕구를 핑계로 정신적인 내용을, 특히 인류라는 수수께끼에 연관된 설명에서 정신적인 내용을 제외해서는 안 될 것이다. 작은 아기 하나가 태어남으로써 한 가족과 주변 인물들의 운명 전체가 근본적으로 바뀌는 것이 우리 인간의 운명이기 때문이다. 아기는 정신적인 존재의 날개 위에 얹혀 지상으로 인도된다는 이 감동적인 사실은 물질주의적인 생물학의 불완전한 진실과 사람의 시초에 대한 육체적인 설명으로 대체될 수 없다! 아기를 가져다 주는 황새 이야기는 사실이다. 사람의 출생에 관한 물질주의 세계의 새로운 설명, "벌거벗은 원숭이"의 관점에서 던지는 감상적이거나 조롱 섞인 그 비웃음은 사람의 출생에 담긴 상징을 파괴하고 말았다.

우리는 진실을 드러내는 옛 동화의 지혜를 고맙게 여긴다. 그런 동화는 인류의 비밀에 담긴 변화, 마법, 극복 등을 시각적으로 생생하게 말해준다. 인간의 정신적 기원, 시련, 변화, 극복을 그리고 있는 것이다. 아이들은 마치 예언자처럼 그런 전래동화에 즉시 호감을 느낀다. 또한 우물에 빠진 늑대 이야기에서 우리 어른들이 보는 모든 "잔혹함"도 아이들에게는 악을 물리치는 선의 은혜로운 승리에 지나지 않는다. 그런 승리는 이 지상의 삶에 첫발을 내딛는 아이들이 가진 신뢰를 확인시켜 준다. 어른들이 아이들을 위해 그런 상을 묘사해 주는 사실은 아이들로 하여금 이 세상에 와서 처음 악을 만날 때 겪게 될 실망을 잘 이겨 나갈 수 있게 한다. 그러니 동화는 악에 저항해서 싸워야 한다는 것도 가르친다.

건강하게 자란 3, 4세 아이라면 그림 형제의 동화 "은화가 된 별"을 몇백 번 들어도 질리지 않을 것이다. 전래동화에서 아이들이 상상, 즉 영혼을 위한 상을 얻는다는 사실을 이보다 더 확실하게 증명하는 예는 없다. 감정이나 의지가 아니라 지적 능력만이 한 번 흥미를 가졌던 것에서 멀어지게 한다. 예술, 상상, 종교적 진리를 만나면 우리는 늘 그 어느 때보다 더 마음이 흔들린다. 그럴 때 우리 마음은 고양되고, 우리 의지의 동기는 극도로 강해진다.

사람은 누구나 영혼의 의지, 감정, 사고 작용을 위한 활동 영역, 즉 내적 삶을 위한 활동 영역이 필요하다. 어른들과 마찬가지로 아이들도 자신의 영혼을 강화하기 위해 이 활동 영역이 필요하다. 우리가 아이들에게 동화의 이미지와 언어를 제공하지 못하면, 아이들의 영혼은 쓸데없는 이야기로 채워질 것이다. 자동차, 금전 문제, 일상의 대화를 채우는 하찮고 상상력이 결여된 대화의 파편들은 아이들의 영혼 영역을 지배하여 잡초로 가득 차게 만들 것이다.

어휘가 늘어감에 따라 아이들의 경험 능력도 자란다. 경험 능력과 함께 창의력과 내적 영역에서 느끼는 기쁨도 커진다. 동화를 되풀이해서 듣는 아이들은 동화의 내용을 행동으로 옮겨 보기도 하고 살아 있는 듯한 동화의 캐릭터와 함께 지내고 논다. 그래서 초등학교의 첫 해를 보낼 때 이 "동화의 아이들"은 동화의 세계를 빼앗긴 친구들에 비해 훨씬 유리한 상태에 있다. "동화의 아이들"은 더 세세하게 경험하고, 더 많이 경험한다. 이 아이들은 말이나 예술 활동에서 자신을 더 완전히 표현한다. 또한 이 아이들은 마음이 열려 있고, 더 잘 경청하며, 창의적인 노력에서 더 큰 기뽐을 드러낸다. 자기의 어휘 범위 안에서 특이한 단어를 동원해서 자신의 생각을 잘 정돈된 문장으로 표현한다.

그렇다면 동화를 소재로 한 영화는 어떤 영향을 미칠까? 그런 영화는 동화를 감싸는 애정 넘치고 묘사적인 말에서 피어나는 상상의 이미지를 산업이 만든 융통성 없는 상으로 바꿔 놓는다. 영화는 상상력에 족쇄를 채운다. 동화 영화는 연상을 강요하는 그림 효과로 아이들의 도피처를 파괴하며, 아이들의 영혼에 고정관념을 각인시킨다. 심지어 어른들도 오토 게뷔어[4]가 프로이센의 왕 프리드리히 2세로 나오는 영화를 보고 위엄 있는 지배자의 이미지가 각인되면, 그 이미지에 묶여 다시는 외로운 프로이센 왕의 생생한 그림을 갖지 못하게 된다. 월트 디즈니 영화사의 "백설공주"를 본 아이는 자연 안에 존재하는 갖가지 힘을 느끼는 능력, 감각의 세계에서 정신적 현실을 적극적이고도 창의적으로 경험하는 능력을 잃어버리게 된다.

아이는 어른의 미완성형이 아니다. 아이는 어른보다 정신적 현실에

4) 오토 게뷔어Otto Gebühr(1877~1954)는 독일 영화배우로, 1920년부터 1942년까지 프로이센의 왕 프리드리히 2세를 소재로 한 영화 16편에서 왕의 역을 맡아 유명해졌다.

더 가까이 다가갈 수 있는 의식 상태에 있는 사람이다. "너희들이 어린아이처럼 되지 않으면…"이라는 그리스도교 성서의 구절은 거꾸로 돌아갈 수 없다는 것을 뜻한다. "천국"에 있는 아이는 아직 무의식 상태로 수호천사의 품에서 꿈꾸는 사람이다. 아이처럼 되어 종말의 날에 천국을 얻을 어른은 정신세계에 대해 알게 된 사람이다. 동화의 언어 안에서 아이와 교사는 서로 같은 언어로 대화한다.

헬무트 폰 퀴겔겐Helmut von Kügelgen
독일 국제 발도르프 유치원연합

6. 나이에 맞는 동화 고르기

이야기는 그 분야가 워낙 광범위해서 각 연령에 알맞은 이야기를 고르는 데 도움을 받을 수 있다면 고마운 일이다. 이 장에서 존 앨먼은 우리 자신의 가슴이 시키는 대로 하면서도 고려해야 할 지침을 제시한다. 존 앨먼은 동화처럼 생생한 이야기를 각 범주에 따라 구분 짓는 과정에서 우리가 대단히 예민한 감각을 동원해야 한다고 조언한다. 이를 마음에 담아두고 이 글을 읽도록 하자.

세 살이 된 어린아이는 자신의 하루를 반영하는 자연 이야기를 재미있어 한다. 이야기의 분위기는 밝고 유쾌한 것이 좋다. 교사나 부모는 집과 현장에서 일상적으로 이루어지는 활동에서 영감을 받아 직접 이야기를 지어 내어 자신의 상상력을 발달시킬 수 있다. 오트밀을 먹이는 동안에는 할머니가 세상에서 제일 맛있는 오트밀을 만드는 방법이 무엇이었는지 이야기해 줄 수도 있다. 감각적인 상을 최대한 많이 동원해 보시기를!

3세 후반에서 4세가 된 아이들은 반복과 질서라는 패턴을 통해 해결될 문제를 다루면서 연속성을 가진 이야기를 받아들일 준비가 된 상태다. 교육자들은 연속성이 바로 지적 학습을 위해 필요한 비판적 기술의 기본임을 이해하고 있다. 한 페이지에서 연속되는 글자들을 왼쪽에서 오른쪽으로 읽어나갈 수 있으려면 연속성을 몸으로 알고 있어야 한다. 이전의 한 가지 행위를 바탕으로 그 다음 행위가 이루어지면서 리듬을 가지고 반복되는 구조의 이야기들은 연속성을 파악하는 능력을 위한 섬세한 기초를 놓아 준다. 시간이 더 흘러 5세가 되면 시작부터 끝까지 이어지는 이야기를 들려준 다음, 그 이야기에 등장하는 연속적인 사건을 거꾸로 되풀이해 준다. 운율과 반복이라는 마법의 공식에 의해 아이의 모방은 자연스럽게 기억으로 바뀐다. 어린아이들은 어른을 따라 이야기하기를 좋아하며, 자신이 들은 이야기를 한 마디도 놓치지 않고 되풀이할 수 있다! 어린 아이의 기억은 리듬으로 이루어진 반복을 통해 몸이 알게 된 것을 기초로 형성된다.

4, 5세 아이들은 연속성을 가진 이야기를 좋아할 뿐 아니라, 우리가 "동화"라고 여기는 것을 도입해도 좋을 상태가 된다. 즐거운 분위기, 단순한 플롯과 결말로 된 이야기들을 고르도록 한다. 이야기에는 문제를 가진 주인공이 등장하고 다양한 특성을 가진 인물들과 그들로 인한 사건이 나오는 것이 보통이다.

5, 6세가 되면 아이들의 내면이 더 복잡하게 발달하므로, 이 시기의 이야기는 그 전개가 좀 더 복잡해도 괜찮다. 이 시기의 이야기에는 "선"과 "악"이 등장하기 시작한다. 다만, 이 시기의 아이들이 관념적인 이해를 통해 악을 물리치고 선을 택해야 하는 것은 아님을 기억해야 한다. 이 시기의 아이들은 그보다는 "자기만의 느낌을 통해" 등장인물의 마음속으로 들어간다. 잠시 이기적인 주인공이 권력을 차지하면, 아이는 사리사욕을 추구하는 등장인물의 긴장감을 대신 느낄 기회를 얻기도 한다. 하지만 이야기의 전개가 바뀌어 맘씨 고운 다른 주인공이 왕국을 차지하면, 아이는 이타적인 심성의 소중함을 느끼게 된다. 아이는 개념적으로 판단하기보다는 결과에서 체험한 느낌을 바탕으로 판단한다.

마침내 아이가 초등학교에 입학할 준비가 되면, 성에서 쫓겨나 숲을 헤매는 어린 왕자나 공주 이야기가 적절할 것이다. 이 시기에 아이들은 유아기의 순수함, 즉 세계와 하나가 된 상태를 잃어버리기 시작한다. 이제는 다양한 특성을 가진 인물의 좀 더 복잡한 영웅적인 여행을 다루는 이야기가 필요하다. 이런 이야기에서 아이는 사람들이 삶의 갖가지 여정을 헤쳐나가는 모습을 상으로 받아들이게 된다.

존 앨먼이 우리에게 상기시키는 마지막 선택 요소는 이야기를 들려주는 어른이 그 이야기와 자신을 연결해야 한다는 것이다. 이 점을 알고 있어야 우리 어른들이 인간이라는 존재에 대한 이런 본질적인 이야기와 내적으로 연결되는 여행을 시작할 수 있을 것이다.

샤리파 오펜하이머

연령에 따라 어떤 이야기가 적합할지 결정하는 일은 모든 교사뿐만 아니라 자녀에게 이야기를 들려주려는 부모들도 맞닥뜨리게 되는 문제다. 여러 해 동안 실제로 아이들에게 이야기를 들려주는 경험을 하고 나면 일종의 "감각"이 생기지만, 처음에는 몇 가지 지침에서 도움을 얻어야 한다.

동화는 그 구성의 복잡함이 각기 다르다. 가장 단순한 수준으로는 그림 형제의 "달콤한 죽"이 있고, 더 복잡한 예로는 성배를 찾기 위해 일곱 가지 난관을 헤쳐나가는 얼간이의 아름다운 이야기 "순수한 페로니크"를 들 수 있다. 후자는 아마도 막 동화의 세계를 졸업하는 9세 정도의 초등학생을 위한 이야기일 것이고, 전자는 3세 아이들의 첫 동화가 될 것이다. "달콤한 죽"을 듣는 어린아이들은 달리 표현할 말은 모르지만 그렇게 뭔가가 풍요롭게 넘쳐나는 이야기를 좋아한다. 이 연령의 아이들은 나름대로 삶이 영원한 풍요로 넘친다는 느낌을 지니고 있다. 그래서 엄마가 바깥으로 데리고 나가 함께 놀 시간이 없다고 하면 아이는 말한다. "하지만 엄마, 난 시간이 많아요. 내 시간을 엄마한테 좀 줄게요."

거의 모든 동화에는 해결해야 할 문제가 등장한다. 솥이 더 이상 죽을 만들지 못하게 해야 하거나, "백설공주"의 여왕이나 페로니크를 방해하는 여러 괴물처럼 갖가지 모습으로 나타나는 악과 싸워야 하는 것이다. 해결해야 할 문제가 덜 어려울수록 연령이 낮은 아이들에게 적합한 이야기가 되고, 반대로 악의 힘이 강하면 강할수록 연령이 높은 아이들에게 알맞다.

동화에는 다른 측면도 있다. 주인공이 어떤 시련을 겪거나 복잡한 여행을 거쳐야 과제를 달성할 수 있다. "아기 돼지 삼형제"의 원본 이야기에서 돼지는 거의 세 번을 속아넘어갈 뻔하다가 겨우 늑대의 손아귀를 벗어난다. "3"은 동화 캐릭터의 시련이나 도전에서 자주 등장하는 숫자이다. "아기 돼지 삼형제"에 나오는 과제는 그다지 불길하지 않은 것으로 그려지고, 돼지는 유머러스하게 그 과제를 해결한다. 그래서 4세 아이들이 이 이야기를 좋아한다. "일곱 마리 까마귀"에서 딸은 오빠들을 다시 사람의 모습으로 돌려놓기 위해 먼저 해, 달, 별에 가야 한다. 이 이야기는 5, 6세 아이들에게 알맞다. 구성이 조금 더 복잡하고 아름다운 이야기로는 "태양의 동쪽, 달의 서쪽"이라는 노르웨이 동화가 있다. 이 동화에서도 주인공은 왕자를 구하기 위해 엄청난 여정을 겪어야 하는데, 그 여정에서 주인공은 먼저 세 명의 지혜로운 여성의 집에 가게 된다. 그런 다음에는 네 방향에서 부는 바람의 도움을 받는다. 북풍에 실려 태양의 동쪽, 달의 서쪽에 있는 성에 가지만 주인공의 과제는 여전히 해결되지 않고, 왕자와 결혼하기까지 다른 시험을 거쳐야 한다. 이 이야기는 유아 현장보다는 초등학교 1학년 또는 그 후의 아이들에게 적합하다. 그 시기가 되어야 아이들의 내적 갈등이 복잡해지고, 따라서 좀 더 복잡한 동화에서 정서적인 자양분을 얻기 때문이다.

이런 점들을 바탕으로, 발도르프 유치원에서 자주 사용되는 동화들을 구성의 복잡함을 기준으로 나누어 보려 한다. 동화는 살아 있는 것이어서 한 가지 특정한 범주에 가둘 수 없고, 따라서 이런 분류는 조금 위험한 작업이다. 그러니 결국 특정한 그룹이나 아이를 상정한 상태에서 분류할 수밖에 없을 것이다. 다음 분류는 일종의 제안에 불과하므로 너무 진지하게 받아들이지 말고 각자의 판단에 따라 분류해 보기를 바란다. 다음 분류에서 그룹별로 몇 가지 동화를 직접 읽어 보면 분류의 기준을 이해하는 데 도움이 될 것이다.

1. 영아반 또는 혼합연령 그룹의 3세 아이들은 짤막한 자연 이야기나 "달콤한 죽" 같은 단순한 동화를 좋아한다. 3세의 후반기에 도달한 아이들은 "커다란 순무"처럼 연속적인 내용의 이야기를 들을 준비가 된 경우가 많다. 순무가 너무 크게 자라서 할아버지 혼자서 뽑을 수 없게 되자, 할머니, 손자, 강아지, 고양이, 그리고 마지막으로 생쥐가 온다. 결국 모두가 힘을 합쳐 순무를 뽑는 데 성공한다. 이렇게 반복과 순서라는 패턴이 뚜렷한 이야기를 찾기는 어렵지 않다. 마찬가지로 이 항목에 넣을 수 있는 노래도 있다. "I Had a Cat and the Cat Pleased Me"(고양이가 있었는데, 그 고양이가 난 좋았어), "Had Gadya"(어린양 한 마리) 같은 노래가 그런데, 후자는 유태인들이 유월절 축제 때 부르는 노래다. 이런 순차적인 내용을 가진 이야기들은 교사나 부모가 외우기에 그다지 어렵지 않다는 이점도 있다. 이 연령의 아이들을 위한 이야기의 예는 다음과 같다.

달콤한 죽
골디락스와 세 마리의 곰
순무
털장갑
진저브레드 맨
옥수수빵

2. 다음 그룹의 이야기는 구성이 조금 더 복잡한 것들이지만, 분위기는 앞의 이야기들과 마찬가지로 밝아서 그다지 슬프거나 애를 먹는 내용은 아니다. 보통 4, 5세 아이들이 이 이야기들을 좋아한다.

용감무쌍 염소 삼 형제
새끼 돼지 세 마리
늑대와 일곱 마리 아기 염소
구두장이와 요정

3. 다음 그룹은 우리가 보통 전래동화라고 할 때 떠올리게 되는 이야기로, 5, 6세 아이들에게 적합하다. 이런 이야기에는 더 다양한 도전과 복잡한 내용이 들어 있다. "방앗간 아이와 고양이"에서처럼 주인공이 단순한 과제를 해결해 내는 이야기들이다. 어려운 일을 헤쳐가야 하지만, 사람들의 마음에 너무 무겁게 느껴지지 않는 정도의 곤경을 다룬다.

은화가 된 별
개구리 왕자
빨간 모자 소녀

브레멘 음악대
황금 거위
숲속 오두막
여왕벌
일곱 마리 까마귀
백장미와 홍장미
잠자는 숲속의 미녀
당나귀
룸펠슈틸츠헨
백설공주와 일곱 난쟁이
헨젤과 그레텔
물렛가락과 북과 바늘

4. 여기서 소개하는 이야기 가운데 마지막 그룹은 초등학교에 입학하기 전인 6세 아이들에게 적합한 동화들이다. 이 시기에 아이들은 젖니가 빠지기 시작하고 유아기의 정서를 잃게 되면서 스트레스를 받는다. (다행히 이 아이들이 천국에서 완전히 "추방"되기까지는 아직 몇 년이 남아 있다.) 이렇게 새로운 내적 발달이 이루어지는 시기에는 주인공이 역경과 슬픔을 겪는 옛이야기가 적절하다. 이 그룹의 이야기들은 유치원보다는 초등학교 1학년에 가서야 사용하는 경우도 흔하다.

요린데와 요링겔
오누이
신데렐라
라푼첼

유아교사는 흔히 혼합연령 그룹을 위해서 어떤 동화를 선택해야 하는지 고민하게 된다. 3세와 6세 아이들이 섞여 있는 경우에 큰 아이들을 위한 동화가 작은 아이들에게 유해하지는 않을까 고민하게 되는 것이다. 나와 여러 교사들의 경험에 의하면, 그룹의 일부에게 적합한 이야기라면 다른 아이들에게도 문제가 되지 않는다. 이는 상당히 흥미로운 현상으로, 아마도 다음과 같은 이유 때문일 것이다. 3~6세 아이들이 함께 있는 혼합연령 그룹에서 5, 6세 아이들에게 맞는 이야기를 들려주면, 3, 4세 아이들도 귀를 기울인다. 더 어린 아이들은 좀 더 단순한 이야기를 들을 때보다는 덜 집중하는 듯 보이지만, 그렇다고 지루해하지는 않는다. 그런데 만일 같은 정도로 복잡한 이야기를 3, 4세 아이들만 있는 그룹에서 들려주면, 아이들은 집중하지 못하고 금세 흥미를 잃어버리는 모습을 보인다. 이때 그 그룹 안에는 다른 아이들을 위해 이야기를 "끌어가는" 아이가 없는 것처럼 보인다. 혼합연령 그룹에서는 더 어린아이들을 위한 이야기도 선택하는 것으로 균형을 맞출 수 있다. 큰 아이들은 단순한 이야기에도 싫증을 내지 않는 것이 보통이다. 큰 아이들은 순차적으로 이어지거나 내용이 단순한 이야기에 담긴 유머를 알아차리기에 충분히 자란 상태여서, 작은 아이들이 심각한 얼굴로 듣고 있는 유머러스한 부분에서 웃음을 터뜨린다.

동화를 고를 때는 그 동화가 여러 가지 다른 형태로라도 사람들에게 잘 알려진 것인지 고려해야 한다. 잘 알려진 동화라면 어린 아이들은 그렇지 않은 경우보다 더 귀를 기울이는 경향이 있다.

마지막 고려 사항이 아마도 가장 중요할 것인데, 동화를 들려주는 사람 자신이 그 동화와 어떤 관계인가, 하는 것이다. 동화를 들려주는 사람이 아주 좋아하는 동화라면 그런 동화를 듣기에는 좀 어린 아이들에게 그 동화를 들려주어도 무난하다. 동화에 대한 사랑이 동화와 아이들 사이를 잇는 다리가 되기 때문에 그럴 것이다.

동화에 대한 이런 사랑에 더하여 동화에 대한 이해까지 더해지면, 삶의 전 영역에 대한 문이 열려 동화가 현실이 되고 영원한 생명력을 지니게 된다. 동화를 들려주는 우리 자신도 동화에서 자양분을 얻어 그 영역으로 돌아가게 된다. 루돌프 슈타이너는 다음과 같이 아름답게 전래동화를 묘사한다. "진실되고 사실적인 민속 동화들의 원천은 인간이 진화해 온 모든 시기에 마법을 펼치는데, 이 원천은 우리가 상상하는 것보다 훨씬 깊은 데 있습니다." (1913년 2월 6일 강의)

존 앨먼

북미 발도르프 영유아교육 연대

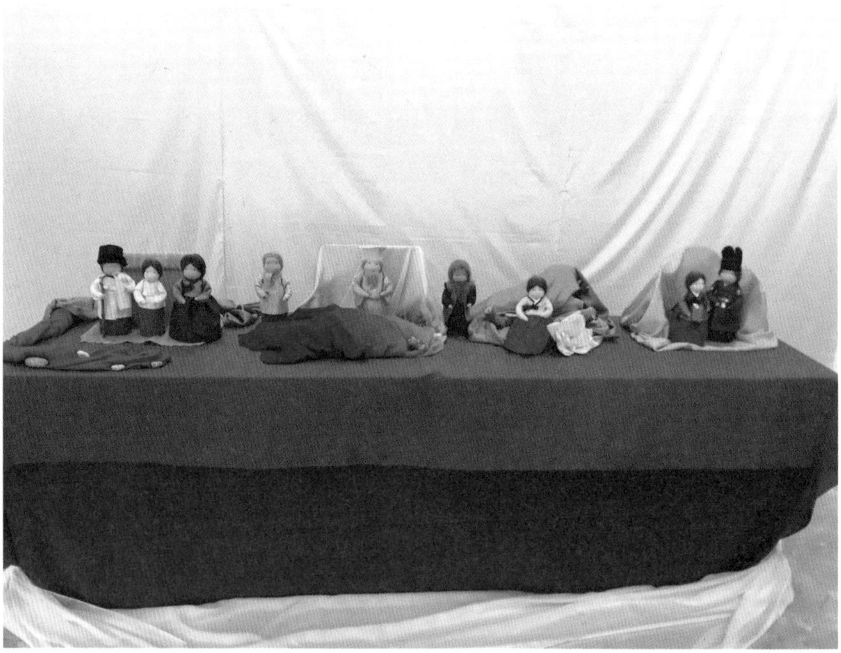

7. 계절과 축제

발도르프 교육현장의 특징 가운데 하나는 계절마다 돌아오는 축제 행사를 한다는 것이다. 알다시피 그리스도교의 달력도 연중행사에 초점을 맞춘다. 이는 그리스도교뿐만 아니라 발도르프 교육의 요람이 된 유럽 고대의 농경사회에서 유래한 것이다. 산업화 이전의 모든 문화권에서 인간의 내적 체험과 외부의 물리적 실제 사이의 소통을 담당하는 것은 종교였다. 인간은, 그리고 당연히 문화와 종교는 대지에서, 즉 지구의 주기에서 심도 깊은 정보를 얻는다. 그런데 이 계절 축제와 그리스도교 달력 사이의 관계, 둘 사이에서 깊이 얽혀 만들어진 패턴은 무엇일까? 오래 전부터 발도르프 유아교사들은 이 문제를 두고 고민해 왔다.

이 장에서 존 앨먼은 그리스도교를 깊이 들여다보도록 인도하고, 그리스도가 특정한 신앙고백 집단에 한정될 수 없음을 깨닫도록 안내한다. 발도르프 교육은 아이 하나하나와 교사, 학부모를 인정하고 존중하는 가운데 실천하는 정신적 교육임과 동시에, 그 어떤 한 가지 종교적 관점에 국한되지 않는 교육이다.

축제는 "우리의 빛"인 해, 달, 별과 "우리의 어둠"인 풍요의 대지 사이를 잇는 주기적 관계를 표시한다. 어떻게 보면 축제는 물리적 실제의 두 가지 주된 요소인 시간과 공간의 교차점을 표시한다고 할 수 있다. 우리 축제에 또 한 가지 요소를 더함으로써 모든 물리적 실제의 근원을 찬양하고자 한다. 그것은 바로 시간에 얽매이지 않는 우리의 존재, 즉 시간 바깥에 존재하는 순간으로, 시간이라는 음악의 리듬에 따라 움직이는 빛과 어둠 사이의 춤이다. 즐거운 축제의 그 왁자지껄함 속에서 우리는 이런 깨달음이 가져다 주는 내적인 고요함을 이미 감지한 경험이 있거나 그럴 기회가 있을 것이다. 그것이 바로 에벌린 카펠Evelyn Capel이 말한 "바로 이 순간에만 이해할 수 있는 내적 특성"이다. 시간이라는 제약을 떠난 이 존재로 인해 축제는 "일생일대의 사건"이 된다.

유치원에서 이루어지는 축제 행사에는 해가 바뀌어도 똑같이 유지되는 요소들이 있다. 이런 반복에 익숙해지면서 어린아이들은 무슨 일이 있을지를 알고 있다는 느낌과 안정감을 얻는다. 교사는 교사대로 아이들의 변화하는 의식 수준을 반영하는 동시에 아이들의 성장을 축하하기 위해 새로운 요소들을 더한다. 축제는 하룻동안 벌이고 잊어버리는 행사가 아니다. 축제에는 정형화된 "축제 기간"이 있다. 미리 몇 주 전에 교실을 준비한다. 다가올 축제를 반영한 수공예 작업을 하고, 음식도 일찌감치 준비한다. 예를 들어, 추수감사절 축제를 위해 아이들은 수동 분쇄기로 밀가루를 만들기 시작한다. 밀가루를 유리 그릇에 담으면서 아이들은 날마다 밀가루의 양이 늘어나는 모습을 보게 된다. 아이들이 참여하는 유아 프로그램에서 가을에 만드는 빵은 늘 등장하는 요소다. 다음해가 되면 교사는 계절 축제를 위해 좀 더 복잡한 손 작업을 도입하거나 구성이 더 복잡한 동화를 들려주어도 좋다.

앞의 모든 장에서 보았듯이, 아이들을 위해 분위기를 만들고 인간성을 조형하는 일은 어른들의 의식에 좌우된다. 계절 행사를 치르면서 부모와 교사는 자신들이 그 특별하고 고유한 시간 및 공간과 연결된다는 것을 의식하게 된다.

샤리파 오펜하이머

발도르프 유치원과 학교에서는 발도르프 교육이 그리스도교라는 종교와 어느 정도로 연결되어 있는지, 그리고 그런 종교와는 상관없이 얼마나 보편성을 가진 것인지를 묻는 질문을 점점 더 자주 받는다. 이에 대한 대답은 현대의 신비적인 사실을 드는 것으로 시작한다. 발도르프 교육에서 그리스도는 태초부터 인간의 발달을 돕는 보편적 존재로 여겨지기 때문이다. 루돌프 슈타이너에 따르면, 오늘날 그리스도는 지구를 둘러싼 에테르계에 있고, 지상의 삶을 위해 내려오는 모든 존재가 그 에테르계를 지나게 된다. 지상에 사는 사람들은 그리스도의 존재를 더욱 예민하게 느끼며, 그 존재는 특정한 신앙고백 집단에 속한 사람들만을 위한 것이 아니다. 발도르프 교육은 그리스도를 포함하여 가장 차원 높은 존재들을 위한 자리를 만들어 내려고 노력하지만, 이것 역시 특정한 종교에 한정된 것은 아니다. 문은 모든 사람에게 열려 있으며, 이런 개방성은 하늘의 빛과 땅의 어둠 사이의 변화하는 관계를 표시하는 리듬을 주제로 한 축제에도 반영된다.

발도르프 유치원에서 우리는 계절에서 계절로, 축제에서 축제로 이어지는 생활을 한다. 하지만 동시에 한 해 전체를 되돌아보는 것도 좋은 일이다. 루돌프 슈타이너의 명상시집 《영혼달력》[5]은 우리가 한 해의 여러 분위기와 그에 대한 반응에 민감해지도록 해 주는 도구가 된다. 각 시기에 해당하는 구절을 읽고 그것을 한 해 안에서 쌍을 이루는 구절과 연결하면, 한 해 전체에 대한 의식, 그리고 우리가 내적으로 또는 자연 안에서 물리적으로 체험하는 한 해의 강력한 리듬에 대한 의식이 발달한다.

---

5) Rudolf Steiner, *Antroposophischer Seelenkalender*, GA 40. 한국어판: 《인지학 영혼달력》, 루돌프 슈타이너 전집발간위원회 역, 한국인지학출판사, 2017.

바깥쪽으로 눈길을 주면, 우리는 계절이 지나가는 내내 지구가 숨을 들이쉬고 내쉼에 따라 끝없이 모습을 바꾸는 자연을 보게 된다. 적도에서 멀리 떨어진 지역에 살수록 호흡은 더욱 충만해져서 겨울이 들숨이, 그리고 여름에는 날숨이 강해질 것이다. 이런 차이를 극적으로 보여주는 그림이 있다. 최근에 어느 라디오에서는 알래스카 북부의 어느 지점에서 11월 중순에 장엄한 일출 직후에 아름다운 일몰이 이어지는 모습을 전했다. 그리고 이어지는 64일 동안 지구의 그 지점에서는 해를 전혀 보지 못한다는 이야기가 있었다. 물론 그곳 사람들은 여름이 되면 햇빛을 충분히 많이 누릴 것이고, 그곳 자연에서 자라는 것들은 우리 지역에서 여섯 달에서 여덟 달 걸릴 성장을 단 두 달 만에 압축해서 이룬다.

계절이 다양한 모습으로 바뀌는 데 익숙한 나는 날마다 같은 시간에 해가 뜨고 지며 연교차가 미미한 적도 부근의 삶을 상상하기가 쉽지 않았다. 그런데 에콰도르를 두 번 다녀오면서 내 생각은 많이 바뀌었다. 에콰도르 친구들은 자기들도 계절의 변화를 분명 지각하고 산다고 확언했다. 계절에 따른 변화는 미미하지만 늘 주변에서 느껴지고, 한 해의 리듬은 자신들에게 매우 중요하기 때문에 그렇다는 이야기였다. 그곳 발도르프 유아교사가 계절탁자를 꾸밀 때 그런 변화를 어떤 식으로 반영하는지 물었더니, 달마다 수확하는 계절이 다른 과일들을 사용한다는 대답이 돌아왔다. 그것은 시간의 흐름을 표시하는 또 한 가지 방법이었는데, 계절의 변화가 미미하기로는 마찬가지인 하와이의 동료에게서도 비슷한 대답을 들은 적이 있다. 그런 환경에서는 인간이 하루나 한 달의 리듬뿐 아니라 일년의 리듬을 통해 시간을 체험하려는 욕구가 얼마나 강한지 알게 된다. 이런 욕구를 채워 주려고 자연이 미미하든 강렬하든 리듬의 변화를 우리에게 제공한다는 것은 경이로운 일이다.

일년 주기로 리듬을 체험하는 데는 또다른 측면이 있다. 우리는 시간의 흐름과 함께 계절이 펼쳐지는 것을 보면서 어느 해와 다른 해의 유사점을 생각하는 것이 보통이다. 그래서 특정한 꽃이 해마다 같은 곳에서 피는 모습을 보면 기뻐하고 심지어 안도하기도 한다. 그러나 시간이 지나면 우리의 감각은 점점 더 예민해져서 해에 따라 자연의 활동이 달라진다는 것을 감지하게 된다. 봄이 똑같은 모습으로 다시 오는 경우는 없다. 어느 해 봄은 다른 해보다 기온이 높거나 비가 더 많이 온다는 식으로 차이가 확실할 때도 있지만, 그 차이가 아주 미미하더라도 우리는 해가 지나면서 계절을 관찰하는 가운데 그 차이를 알아차린다. 에벌린 카펠은 이를 다음과 같이 아름답게 표현했다. 카펠의 말은 우리에게 계절에 대해 새롭고 더욱 섬세한 관계를 생각하도록 영감을 주며, 어떻게 하면 그런 계절들이 우리 안에서, 그리고 유치원 안에서 생생하게 살아 있게 될지 알려준다.

"인간의 실존이라는 드라마의 배경은 계절에 따라 각기 다른 모습으로 지상에 펼쳐지는 풍경이다. 겨울에서 봄으로, 봄에서 여름으로, 여름에서 가을로 해마다 똑같이 계절이 바뀐다. 이 마법 같은 변화가 언제나 되풀이되리라는 것은 확실하지만, 마법이 일으키는 경이로운 모습은 아무리 되풀이되어도 결코 진부하지 않다. 봄은 전에도 왔고, 다음에도 올 것이다. 하지만 올해 봄만의 느낌, 미묘하게 발산되는 그 무엇, 감각적인 색조는 이전의 그 어느 해 봄에도 같았던 적이 없고, 돌아올 다음 해에는 같은 느낌의 봄이 올까 기대해도 결코 그런 일은 일어나지 않는다. 잘 알고 있고 자주 되풀이되는 모습을 보고 즐거워하느라 우리 가슴이 이번 한 번밖에는 포착되지 않을 특성을 놓친다면, 그 특별한 계절은 우리 경험 안에 남지 않는다. 지난 여러 해와 마찬가지로 봄이 되면 같은 나무 아래 피어나는 크로커스 꽃, 한여름에 막 풀을 벤 들판에서 풍기는 익숙한 풀 내음, 가을에 모닥불에서 올라와 갈색 잎들을 지나 빠르게 나뭇가지를 향해 올

라가는 파르스름한 연기, 맑고 추운 겨울날 아침의 그 찌르는 듯한 느낌은 우리를 즐겁게 한다. 하지만 그런 익숙한 즐거움이 이어지는 중에도, 우리는 결코 되풀이되지 않는 요소로 인해 그 해의 그 계절이 일생에 한 번만 겪는 사건이 되어 전율을 느낀다. 물론 우리가 그런 요소를 놓치지만 않는다면 말이다." (《그리스도인의 한 해*The Christian Year*》, p. 9)

인지학과 발도르프 교육 분야에서 나온 많은 책이 계절에 따른 축제를 다룬다. 그리고 이런 책은 이 주제를 더 깊이 이해하고 싶어하는 교사와 부모를 비롯해서 어린아이들과 함께할 수 있는 현장 활동의 사례를 구하는 사람들에게 도움이 된다. 이와 연관된 루돌프 슈타이너의 저작으로는 다양한 축제에 관한 강의 모음인 《여러 가지 축제와 그 의미》, 《사계절과 대천사들》, 《일년의 주기》, 성서와 창조를 다룬 연속 강좌 등이 있다. 에벌린 카펠의 《그리스도인의 한 해》도 그리스도교의 축제와 연관된 한 해의 주기를 선명하게 설명하고 있다. 이 주제에 관해 좀 더 비의적祕儀的인 이해를 구하는 사람들은 세르게이 프로코피에프Sergei Prokopieff의 《입문자를 위한 일년의 주기》에서 상당히 도전적이면서도 통찰력 있는 설명을 만나게 될 것이다. 프레아 야프케의 《아이들과 지내는 축제》는 그리스도교 축제를 주제로 아이들과 연관된 훌륭한 이미지를 제공한다. 유태인들의 전통을 알기 원한다면, 레베카 샤흐트Rebecca Schacht의 《여정을 비추는 등불》에 실린

여러 이야기에서 명확한 배경과 해설을 읽을 수 있을 것이다.

한 해의 주기와 축제에 관해서는 여러 인지학 전문 출판사에서 나온 간행물이 실천적인 지침을 제공한다(《Festivals, Family and Food》, 《Festivals Together》, 《All Year Round》, 《The Children's Year>, 《Crafts Through the Year》 등). 그밖에 관심을 가질만한 책으로는 캐럴 페트래시Carol Petrash의 계절 활동 모음집 《Earthways》, 멀라 파워즈Mala Powers의 가족을 위한 절기 동화 모음집 《Follow the Year》 등이 있다.

존 앨먼

북미 발도르프 영유아교육연대

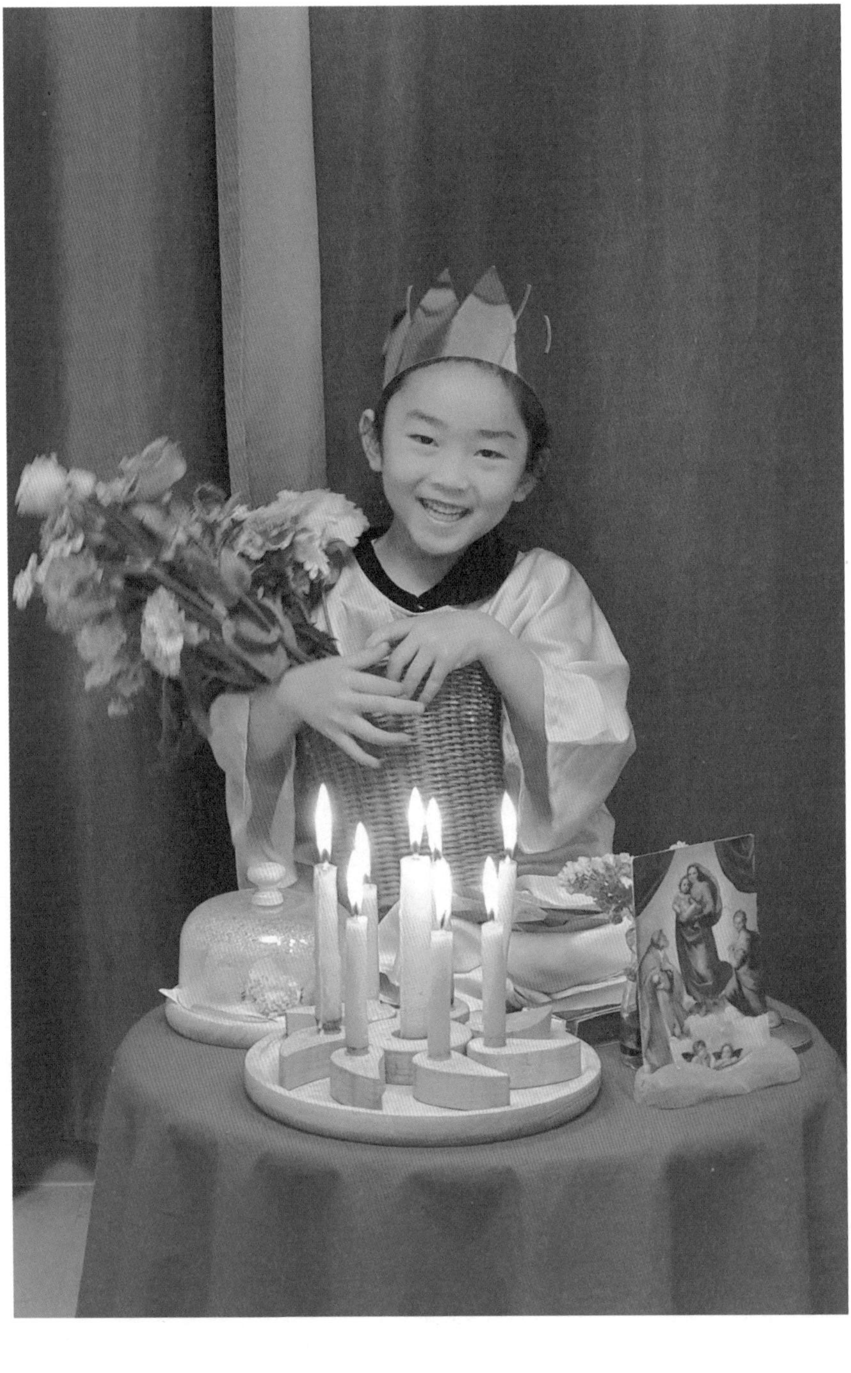

2부 발도르프 영유아 교육론
- 발달하는 아이

1. 유아기의 발달 단계

이 장에서 저자는 부모, 교육자, 심리학자, 철학자들이 한결같이 던지는 질문, 즉, 자연과 양육, 내적인 것과 외적인 것 중에서 무엇이 중요한지에 대한 질문을 깊이 있게 검토한다. 여기서 프레아 야프케는 루돌프 슈타이너의 발달 도식에 따른 여러 가지 힘의 복합적인 작용 패턴을 우리에게 보여준다.

우리는 "사람이 세상에 태어나려면 세 가지 일이 동시에 일어나야 한다"는 말을 이해하는 것에서 출발한다. 부모로부터 오는 에너지의 두 가지 흐름이 물질을 제공하여 몸이 만들어진다. 세 번째 필수적인 흐름은 영혼과 정신으로, 이는 앞의 두 에너지에 의해 만들어지는 물질적인 그릇에 "정보를 제공하는" 것으로, 한 사람의 개별성을 가리킨다. 부모는 힘을 합쳐 필요한 외적 물질을 제공하고, 개별 인간의 정신은 그 몸이 영혼을 갖도록 하는 내적인 힘을 가져다 준다.

부모가 "진흙"을 재료로 제공하면, 아이의 인간 정신은 아이를 지상의 여정을 잘 걸어갈 수 있는 사람으로 만든다. 우리는 내면과 외형, 자연과 양육이 끊임없이 짜여 드는 모습을 보게 된다. 인간의 영혼은 "미완성인 채로" 세상에 태어난다. 감각기관들은 정보를 수집해서 통합하는 법을 배워야 하고, 근육과 사지는 조화롭게 협력하여 함께 움직이는 법을 배워야 한다. 시각은 엄마 얼굴의 패턴에서 만들어지는 모든 시각적인 형태를 구별할 줄 알아야 한다. 하지만 물질적인 몸의 내면에 작용하여 정신의 이런 통합 능력에 영향을 미치는 것은 환경이라는 외적 힘들도 마찬가지이다.

환경의 영향력은 내면으로 침투하여 어린아이의 모방 행동과 움직임을 통해 흡수되고, 아직 완성되지 않은 신체기관의 발달 과정에 영향을 미친다. 어린아이들은 주변에서 일어나는 모든 것을 보고 모방하며, 이런 모방은 어린아이들에게 몸과 정서의 움직임을 의미한다. 이 움직임은 결정적이라고 할 만큼 신체기관의 형성에 영향을 미친다. 예를 들어 아이가 자연의 부드러운 소리, 사람

의 음성이나 비질하는 소리나 계단을 오르내리는 발소리처럼 가정의 일상에서 나는 자연스러운 소리를 들으면, 아이의 귀는 감각 세계를 향해 "자신을 여는" 법을 배운다. 반면에 전자 제품들에 둘러싸인 채 종일 미디어의 소음을 듣게 되면, 아이의 섬세한 귀는 자신을 지키기 위해 감각 세계를 차단한다. 이렇게 무엇을 향한 문을 열거나 닫는 움직임은 단지 귀만이 아니라 모든 기관에서 일어나는 일이다. 이는 모든 감각 체험에서 똑같다. 오늘날 우리는 감각 통합에 문제가 있는 많은 아이들에게서 고도 기술 사회의 영향과 "감각 교육"의 불균형 상태를 확인한다. 세계를 파악하여 통합하고 자기 것으로 만드는 인간 정신의 능력은 이렇게 부정적인 환경 요소들에 의해 방해를 받는다.

이렇게 보면 부모와 교사가 해야 할 일은 확실하다. 우리는 어린아이들의 작업에 개입되는 바로 그 요소, 즉 환경, 그리고 우리 자신의 내면에 있는 인간 정신을 대상으로 작업해야 한다. 우리는 건강하고 균형 잡힌 신체적 체험이라는 "식이요법"을 제공해야 한다. 자신에게 주어지는 모든 것을 소화하는 것이 아이들의 작업이기 때문이다. 소화 과정은 예를 들어 홍당무 같은 것을 섭취해서 그 홍당무가 없어질 때까지 흡수하는 일이다. 그러고 나면 "홍당무스러운 어떤 것"이 생명의 힘이 되어 다시 등장한다. 아이는 이렇게 체험하는 모든 것을 소화한다. 아이는 아직 어떤 경험은 받아들이고 어떤 경험은 피하도록 구분하는 능력이 없기 때문이다. 이런 소화 과정을 두고 모방의 기적이라고 부르기도 한다.

아이는 외부의 물리적 환경만이 아니라 돌보는 사람의 감정과 생각이라는 내적 환경까지도 모방한다! 그러니 우리는 늘 깨어있어야 한다! 우리는 모방할 가치가 있는 사람이 되도록 노력해야 한다. 인간성은 오로지 인간에게서만 배울 수 있는 것이기 때문이다.

출생 후 첫 7년 주기 동안 아이의 모방 능력은 세 단계를 거쳐 발달하는데,

이는 두뇌의 세 영역을 반영하는 것이다. 생후 몇 년 동안에는 신경감각체계에 발달이 집중하는데, 감각 세계에서 잘 기능할 수 있도록 두뇌에서 가장 먼저 생긴 부분이 발달하는 것이다. 첫 7년 주기의 중간 단계에서 우리는 아이에게서 기억력과 상상력이 발달하기 시작하는 모습을 보게 된다. 이런 능력은 중간뇌 변연계에서 형성된다. 이 부분에서 이른바 "EQ"(정서적 지능)가 발달한다. 기억이란 "체험의 내용에 정서적인 표시 남기기"를 바탕으로 가능해지며, 확실히 아이의 상상놀이는 바로 이렇게 이루어진 정서적 친숙함에서 출발한다. 식사 시간에 느꼈던 좋은 기억은 아이의 상상 안에서 계속 되풀이된다! 5~7세 아이들에게서는 개념적 사고를 담당하는 대뇌피질의 발달이 눈에 띈다. 다섯 살이 되기 전에는 놀이에 대한 아이디어가 주변의 사물을 보고 생기지만, 이 시기를 지나면 아이의 내면으로부터 아이디어가 일어난다. 이 모든 중요한 발달은 전통적인 방식, 즉 아이의 창의적이고 활발한 놀이에서 가장 잘 이루어진다.

이 시기에 사람의 정신은 건강하고 균형 잡힌 환경이 필요한데, 그런 환경은 아이를 사랑하는 어른의 건강하고 균형 잡힌 상태에 의해 만들어진다. 그런 환경

에서 아이는 두뇌의 전 영역, 몸 전체가 제대로 발달할 수 있다. 정교하게 짜여진 두뇌와 몸의 통합적인 발달은 정신이 수행할 일생의 작업을 위한 기초가 된다. 그래야만 "영혼과 정신의 개별성이 … 몸의 방해를 받지 않고 몸을 통해 자신을 온전히 바깥쪽으로 드러낼 수 있게 된다."

샤리파 오펜하이머

부모와 교육자의 과제와 목표

첫 번째 7년 주기 동안의 아이를 이해하려면, 우리는 아이에 따라 각기 다른 발달 과정을 면밀히 관찰해야 한다. 그리고 이런 관찰에 앞서 삶의 초기 단계를 보내는 어린아이가 맞닥뜨리는 상황 전체를 마음에 새기고 있어야 한다.

무엇보다 먼저 알아야 할 것은, 아이가 태어나려면 세 가지 사건이 동시에 일어나야 한다. 먼저 부모로부터 오는 유전의 두 흐름이 합쳐져 아이의 몸을 만든다. 그 다음 영혼-정신, 즉 인간의 개별성이 그 몸에 합류한다.

말하자면 아이의 신체는 외형적으로는 완성된 것처럼 보이지만 여러 면에서 미완성인 상태라는 것이다. 신체의 내부 기관들은 아직 최종적인 형태로 분화되지 않은 상태이다. 사지 역시 분화되지 않아서 의지와는 상관없이 무질서하게 움직이는 모습을 보인다. 아이의 신경감각체계는 아직 완전히 열려 있는 상태이다.

태어나서 6, 7년을 살면서 아이가 달성해야 하는 과제는 자신의 몸을 완전히 장악하여 분화가 완성되도록 발달시켜 초등학교에 갈 준비를 마치는 것이며, 이때는 그런 발달을 성취하도록 정해진 시기이기도 하다. 이렇게 기관의 형성 과정이 대체로 마무리되고 오로지 크기의 성장만 진행 중인 상태가 되면, 아이의 몸은 유용한 "도구"로 완성된 상태이다. 아이가 태어날 때 물질체에 합류한 영혼과 정신이라는 개별성은 이후의 발달 과정이 진행되는 동안 신체의 방해를 받지 않고 신체를 통해 자신을 바깥으로 온전히 드러내기 시작한다.

인간의 개별성이 신체에 합류하는 모습은 어떻게 확인할 수 있는 것일까? 아기가 발을 차는 불수의적인 움직임이 점점 일정한 질서를 보이면서, 계속 몸을 움직이려는 의지에 의해 통제되는 듯한 모습이 우리 눈에

들어온다. 아기는 몸을 일으켜 세울 수 있게 되고, 걸음마를 배우면서 지구의 평형 상태와 연결되는 모습을 보인다. 세계 공통의 언어인 옹알이 단계를 벗어나면서 아기가 발성을 배워 모국어를 정확하게 발음하게 되는 모습도 관찰할 수 있다. 어른을 따라 아장아장 걷던 아이의 행동이 훨씬 큰 폭으로 세분화되고 의미 있는 행동으로 발달하면서 어른의 행동을 모방하기 시작하는 모습을 보인다.

이런 모든 과정에서 우리는 어떻게 인간의 개별성이 신체 안으로 작용하여 신체를 자신의 것으로 만들려고 애쓰는지 알 수 있다. 아이가 외부 세계에서 받아들이는 모든 인상도 내적 인간을 만들어가는 이 과정에 긴밀히 작용한다.

외부에서 오는 인상은 감각을 통해 안으로 작용한다. 이 인상은 어린 아이의 핵심적 본질, 즉 개별성에 의해 내적으로 소화되는데, 이는 모방 행동과 아직 미완성 상태인 기관들의 발달이라는 두 과정에서 이루어진다.

아기는 아무런 보호장치 없이 세상이라는 새로운 환경 안으로 태어난다. 신체는 그 전체가 단일 감각기관의 기능을 하면서 아무런 분별없이 내적 세계를 외부 세계에 합류시키는 역할을 한다. 이것은 눈의 작용과 비교할 수 있다. 눈 자체는 사물을 보지 못하며, 사물의 인상을 전달할 뿐이다. 우리는 눈을 "통해서" 본다. 마찬가지로 아이의 신체는 개별성, 즉 사람의 영혼-정신을 위한 감각기관이다.

외부의 인상들은 감각을 통해 아이 안으로 들어오고, 기관을 형성하는 내적인 활동은 외부를 향해 움직인다. 외부에서 오는 인상과 내면의 형성 작용이 함께 움직이는 모습은 건강하게 태어난 모든 아이가 가진 모방 능력에서 잘 드러난다. 아이의 눈에 띈 것은 먼저 깊이 들어가 의지에 의해 파악되고, 그런 다음 마치 소리가 메아리치는 것처럼 아이의 행동으로 나타난다.

바로 이 점에서 부모와 교사의 두 가지 중요한 과제가 도출된다. 첫 번째는 보호하는 몸짓이다. 어느 경우라도 우리는 아이에게 적절한 인상을 주는 몸짓이 무엇인지 주변 환경에서 주의 깊게 선택해야 한다. 소란스

럽거나 다투는 소음이 아니라 평범한 대화와 노래에서 나는 행복한 가정의 소리를 들을 때 아이는 가장 안정되고 편안해진다. 또한 라디오, TV, 음향기기, 비디오 기기 등으로부터 최대한 어린아이를 보호해야 한다. 아이 방은 침대와 벽을 부드러운 단색으로 통일하는 것이 아이를 편안하게 하는 효과를 낸다. 밝은 색으로 꽃과 동물이 그려진 섬유제품과 벽지는 의도는 좋지만 아이에게 지나치게 자극적이므로 피하는 것이 좋다. 자동차를 탈 때는 아이가 엄마와 시선을 마주할 수 있도록 앉힌다.

두 번째 중요한 과제는 아이들을 단계별로 삶 안으로 인도하는 것이다. 그래야 아이들이 삶에 관해 배운 내용이 평생 지속된다. 이를 위해서는 똑똑한 아이로 만들기 위한 가르침이 아니라 무엇보다 아이들이 스스로 가지고 태어난 것, 즉 모방 능력에 대해 효과적이고 올바른 방법으로 관심을 기울여야 한다.

이때 우리가 예상하는 것은, 어른인 우리가 인간으로서 좋은 "본보기"이 되려고 노력할 때 우리의 행동으로 아이 안에 있는 자극을 일깨울 수 있다는 사실이다. 아이에게 무엇인가를 모방하도록 가르치는 것은 불가능하기 때문이다. 모방은 의지에 달려 있는 것이어서 아이 자신의 의지에 의해 파악되어야 가능해진다. 우리는 우리의 행동을 자각할 수 있다. 집과 마당에서 어떻게 하는지, 다른 사람과는 어떻게 이야기를 나누는지, 다른 사람을 어떻게 보살피는지, 우리 환경을 어떻게 만들고 관리하는지를 스스로 알고 있는 것이다. 아이들은 모든 것을 자신의 몸을 형성하는 과정 안으로 깊이 받아들인다. 어떤 행동이 의미 있는 것인지 아니면 어리

석은 것인지 구분할 능력이 없는 상태에서 아이들은 삶의 전형으로 보이는 것들에 따라 행동한다. 그리고 바로 이런 삶의 전형이 교육을 하는 과정에서 우리가 맡는 역할이다.

첫 번째 7년 주기 동안 아이의 모방 행위는 세 가지 상이한 단계로 이루어진다. 모방 행위는 신체기관을 형성하는 힘들에 좌우되는데, 이 힘들은 머리 부분에서 시작하여 몸 전체를 거쳐 발끝에 이르도록 작용한다. 이 힘들이 몸 전체에 작용하지만, 지상에서 사는 첫 번째 단계인 대략 2, 3세까지 신경감각체계를 형성하는 데 주력한다. 이 시기에 아이는 인간의 능력 가운데 가장 중요한 세 가지를 습득한다. 그것은 중력이 작용하는 공간에서의 직립, 걷기, 말하기이며, 말하기는 사고 능력을 위한 전제 조건이 된다. 역사에 기록된 비극적인 사례는 동물의 무리에서 자란 아이들이 이런 인간의 능력을 습득하지 못한다는 것을 보여주고 있다.

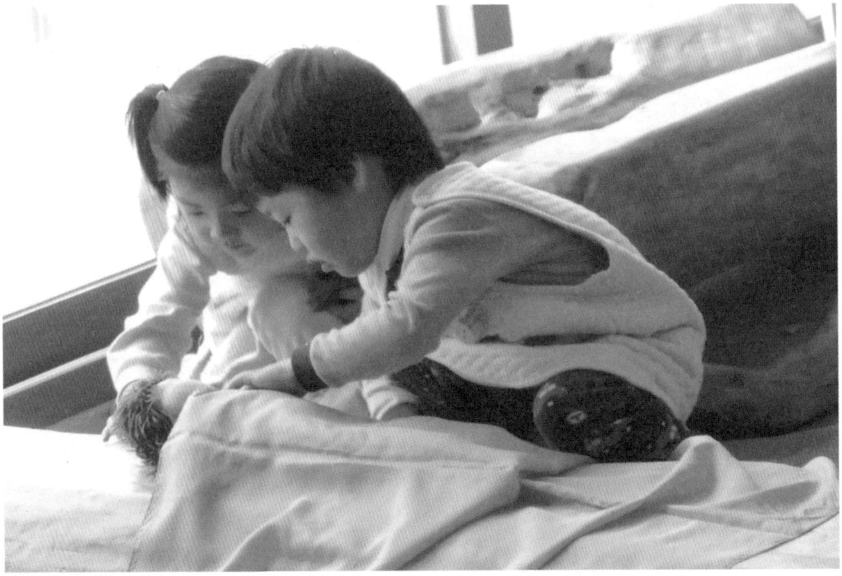

기는 나이에서 "나"가 깨어나는 시기까지

탄생 후 첫 번째 시기에 아이는 어떤 방식으로 행동할까?

기거나 배밀이를 할 수 있게 되면 아이는 즉시 집안 곳곳을 탐색하기 시작하고, 이와 함께 집안은 엉망이 된다. 아이는 엄마를 따라다니면서 엄마가 하는 것이면 모두 해 보려 한다. 신이 나서 냄비와 뚜껑과 그릇을 건드려 소리를 내고, 빨랫물에 손을 담그고, 빨래를 끄집어냈다가 다시 집어넣기도 하면서 온 집안을 물바다로 만든다. 비질이라고 하면서 부산하게 움직이지만, 쓰레기를 가운데로 모으지 못하고 이리저리 흩어 놓는다. 제자리에 둔 물건이 보이면 금세 엉뚱한 곳으로 옮겨 놓는다. 그리고 이 모든 행동에는 꼭 "아가도 할래!" "나도 할래!"라는 선언이 동반된다. 실제로 사용되는 집안 물건을 가지고 가능한 한 많이 움직이고 소란을 피우며 즐거워하는데, 이 모든 것은 어른이 하는 행동의 진짜 목적을 알지 못하는 상태에서 이루어진다. 어른이 하는 행동의 목적을 알아채기까지는 시간이 많이 걸린다. 이 "열렬한 도우미"가 덤비지만 않으면 어른의 일은 훨씬 빨리 끝날 것이다. 하지만 아이 때문에 일이 늦어졌다고 생각한다면 이는 단편적인 시각이다. 이렇게 아이와 함께 일하는 부모는 집과 마당과 손으로 하는 일에만 신경을 쓰는 게 아니라 동시에 아이를 위한 교육도 수행한 것이기 때문이다. 교육에 관한 오늘날의 의식 수준에서 이 점은 더욱 인정을 받아야 한다.

주변 환경에 참여하려는 동기에 더하여, 아이들이 기를 쓰고 엄마 곁에 있으려 하는 순간들이 있다. 예를 들어, 엄마가 사과를 깎거나 바느질을 할 때가 그렇다. 아이들이 양동이를 채웠다가 비우고 탑을 쌓았다가 허물고 노래를 부르며 인형 수레를 밀면서 노느라 어른에게는 관심을 보이지 않을 때도 있다. 이때는 놀이 재료들의 특징에 꼼꼼히 주의를 기울이는 것이 중요하다. 가장 좋은 놀이 재료는 자연에서 찾아낸 것, 또는 손으로 조금만 다듬은 것들이다(《아이들과 함께 장난감 만들기》, 프레야 야프케). 아이들은 그런 사물과 긴밀하게 연결되어 있고, 그래서 아이들에게 각인되는 인상은 자연적이면서 유기적인 양상을 띠게 되며, 이는 아이들에게서 기관을 형성하는 과정을 자극한다. "생명 없는 기하학적 형태들로 만들어진 모든 장난감은 아이의 형성력을 황폐화시키고 마비시킵니다."[6]

한창 말을 안 듣는 시기에 처음으로 "나"라는 감정이 깨어나면, 아이들은 진정한 의미에서 첫 번째 고비를 겪는다. 이 시기에 아이들은 점점 더 자신만의 의지를 체험하고, 이와 함께

---

6) Rudolf Steiner, *Die Erziehung des Kindes vom Gesichtspunkt der Geisteswissenschaft*, GA 34. 한국어판: 《발도르프 아동교육》, 이정희 역, 씽크스마트, 2017, p. 59

자신의 의지를 주변에 맞추어 가는 법을 배워야 한다. 이전에는 아이가 “나도 해 볼래!”라고 외쳤다면, 이제는 “하기 싫어!”라고 말한다.

3세~5세: 판타지와 즉흥놀이

이제 두 번째 단계인 3세~5세 시기를 들여다보자. 지금까지 주로 머리 부분에서 작용했던 생명의 힘 또는 형성력이 이 두 번째 시기에는 신체의 중간 부분, 즉 주로 리듬기관(심장과 폐)이 자리잡은 곳에 초점을 맞춘다. 이 시기에는 완전히 새로운 두 가지 능력이 아이들에게 등장하는데, 이 두 능력은 아이들이 확실하게 주변 환경과 새로운 관계를 갖도록 한다. 이 두 가지 능력은 바로 아이다운 판타지와 기억력이다.

건강하게 발달한 아이들의 놀이 사례를 몇 가지 살펴보자.

4세 된 남자아이가 자기 앞에 작고 둥근 나뭇가지 몇 개를 두고는 나에게 묻는다. "탄산수, 맥주, 사과주스 중에서 뭘 마시겠어요?"

4세인 여자아이는 나무껍질 조각 위에 돌멩이 두 개를 올려 놓고 말한다. "이건 나의 배야. 그리고 남자가 키를 잡고 있어." 그러더니 내 책상 앞으로 와서 묻는다. "초콜릿 몇 개 가져왔어요. 줄까요?" 이렇게 말하면서 돌멩이 몇 개를 책상 위에 놓는다. 그런 다음 그 나무껍질은 난쟁이가 사는 집의 지붕이 된다.

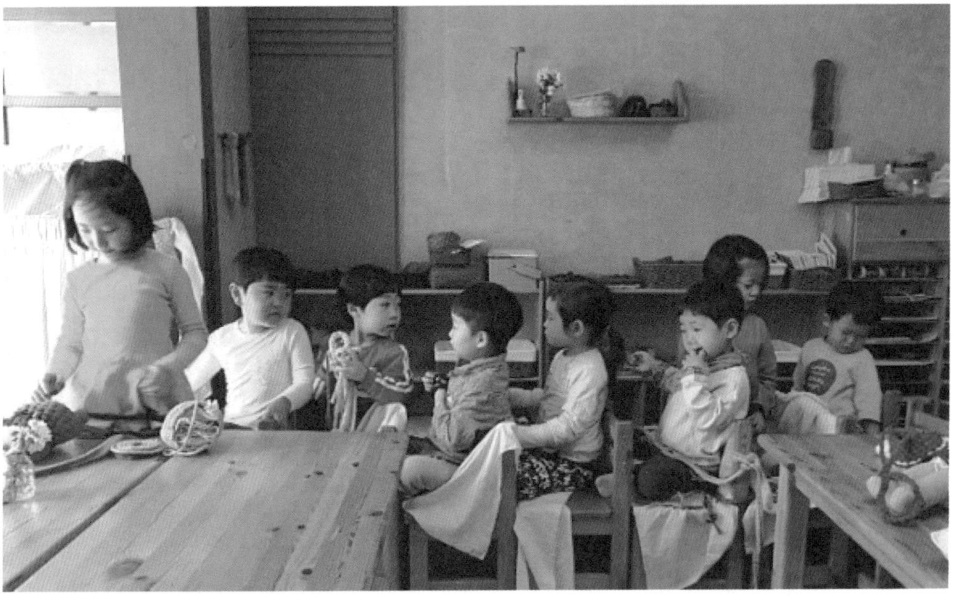

작은 벤치는 먼저 인형을 위한 난로가 된다. 그걸 옆으로 뉘여 두면 동물의 구유가 되고, 뒤집으면 인형 침대, 그리고 또 기차의 일부분이 되기도 한다.

이 사례들에서 우리는 이 시기의 아이들이 판타지를 통해 주변 사물을 바꿀 능력이 있음을 알 수 있다. 아이들은 판타지의 도움을 받아 주변 사물을 새로운 것으로 바꾸어 원래의 용도와는 전혀 다른 목적을 위해 사용한다. 사물을 볼 때 아이들은 아마도 그 사물의 모습을 흐릿하게만 기억하고, 필요한 디테일은 상상으로 채우는 것으로 보인다. 이를 위해서는 아이들이 이전에 이미 그 사물을 경험한 적이 있다는 것이 전제되어야 한다. 한 번도 배를 본 적이 없거나 책에서만 봤다면, 그 아이는 배를 자신의 놀이에 끌어들일 수 없다.

이 시기에 아이들의 놀이에서 드러나는 한 가지 특징은 놀이가 외형

적인 이유에 의해 자극된다는 점이다. 그러므로 주어지는 놀이 재료들이 변형이 가능한 것, 즉 그 형태가 미완성인 상태이거나 아이의 상상이 그 재료를 변화시키고 디테일을 채울 수 있을 정도로 단순한 것이 바람직하다. 상상이 활성화되려면 아이는 이런 형태의 활동을 해야 한다.

손의 근육들이 그에 알맞은 일을 하면 강하고 힘 있게 되는 것처럼, 뇌와 인체의 다른 기관들도 주변 환경에서 올바른 인상을 받아들이면 올바른 방향으로 발달합니다. (루돌프 슈타이너)[7]

놀이의 변화무쌍한 모습은 매우 인상적이다. 모방을 바탕으로 이루어지는 이벤트가 날마다 일어나며, 동시에 그 어떤 연관성도 없어 보이는 즉흥적인 변화도 많이 등장한다. 아이들은 끊임없이 새로운 것을 생각해 낸다. 이런 모습을 보고 놀

---

7) Rudolf Steiner, *Die Erziehung des Kindes vom Gesichtspunkt der Geisteswissenschaft*, GA 34. 한국어판: 《발도르프 아동교육》, 이정희 역, 씽크스마트, 2017, p. 59

란 어른들은 아이가 자기가 하는 놀이에 집중하지 못한다고 확신한다. 하지만 이 나이 수준에서는 3~5세 아이들에게 특징적으로 나타나는 놀이의 연속성이 바로 집중에 해당한다. 얼핏 보기에는 확실히 무질서하고 혼란스러운 점이 많다. 그러나 이는 의미심장한 혼란이라고 해야 할 것이다. 그런 무질서와 혼란을 통해 아이들이 지속적으로 자극되고 흥미를 얻기 때문이다. 5세가 되면 이 무질서는 저절로 달라진다. 물론 자유놀이 시간 후에는 아이들이 놀면서 어지럽힌 것들을 정리할 시간을 충분히 마련해 두어 정리하는 작업에 본보기를 보여야 한다. 그래야 정리하는 일이 들쭉날쭉 지시에 의해서 이루어지거나 어른 혼자서 감당하게 되기보다는 아이들이 참여하는 당연하고 즐거운 습관이 될 수 있다.

5세~7세: 상상에서 나오는 그림과 계획놀이

첫 번째 7년 주기에 이루어지는 발달의 세 번째 단계는 5세 전후에 진행된다. 신체기관을 형성하던 힘들은 점차로 리듬기관에서 풀려나와 이제 신진대사-사지체계에 작용한다. 이와 함께 아이들은 손끝까지 활동 능력이 발달해 손의 움직임이 점점 더 정교해진다.

많은 아이, 특히 다양하고 창의적인 방법으로 놀던 아이들은 5세 무렵에 두 번째 고비를 맞이한다. 이 아이들은 먼저 심하게 싫증을 내게 된다. 그래서 어른에게 말한다. "뭘 해야 할지 모르겠어요." 이 시기의 아이들은 마치 판타지가 사라져서 새로운 아이디어가 전혀 없는 것처럼 보인다. 판타지가 이제 잠시 쉬어야 하고, 그래서 아이들에게 어제 했던 재미있는 놀이를 상기시켜도 상상이 반드시 되돌아오지는 않는다. 그런 아이는 우리 어른이 하는 일, 예를 들어 사과 깎기, 설거지, 바닥 청소, 빵 굽기, 바느질 같은 일에 참여시켜 상상력을 강화하는 편이 낫다. 며칠 지나면 아이에게 새로운 놀이 아이디어가 떠오를 것이다. 아이에게 변화가 일어났기 때문이다. 놀이에 관한 동기는 더이상 외부의 사물에서 오지 않고, 점점 더 아이 자신의 내면에서 일어나게 된다. 이것이 뜻하는 바는, 아이들이 이제 내적인 상, 즉 과거의 사건에 대한 상상력에서 나온 그림을 가지고 있고, 그래서 시간, 공간, 사람들과 상관없이 아이가 그 과거의 사건들을 떠올릴 수 있다는 사실이다.

5, 6세 아이들은 함께 쪼그리고 앉아 이야기를 나누면서 놀이 계획을 세우기를 좋아한다. 예를 들어, 아이들이 식당을 만들면, 접은 천 조각이 냅킨, 메뉴판, 지갑으로 변한다. 찬 음식 뷔페가 마련되고, 양모 뭉치가 생선이 되어 식탁에 오른다. 음료를 파는 아이는 잔가지가 붙은 통나무 뒤에

서서(이 통나무는 "진짜 맥주통"이다) 그 통나무로 무슨 주문이든 잔을 채울 수 있다. 어떤 때는 진료실을 차리느라 바늘, 청진기, 붕대 등을 마련하고, 대기실에는 접은 천 조각이 잡지 노릇을 한다.

이밖에도 쓰레기 수거 트럭, 빨간 비상등이 달린 구급차, 학교, 목공소, 소방차, 케이블카, 전화가설팀, 심해 다이버 등 수없이 많은 예가 있다. 아이들의 놀이는 점점 더 계획에 따라 실행된다. 그렇지만 놀이 도중에 한 아이가 뭔가 활발한 아이디어를 내놓는 일이 있어도 놀이의 내용이 갑자기 달라지지 않는다는 말은 아니다.

이 시기의 아이들은 자극적이고 디테일이 뛰어난 놀이 재료가 필요하지 않다. 놀이 재료는 아이들과 함께 달라질 수 있는 것이 더 좋다. 놀이 재료와 아이들의 관계는 늘 달라진다. 5세가 되기 전에 아이들은 놀이 재료 자체에서 자극을 받는다. 5세가 되면 먼저 상상에 의한 아이디어가 나오고, 그 다음에 놀이 재료에서 상상한 것에 알맞은 사물을 찾아 바꾼다. 그전에 풍부하게 발달했던 상상이 이제 다시 작동하기 시작한다.

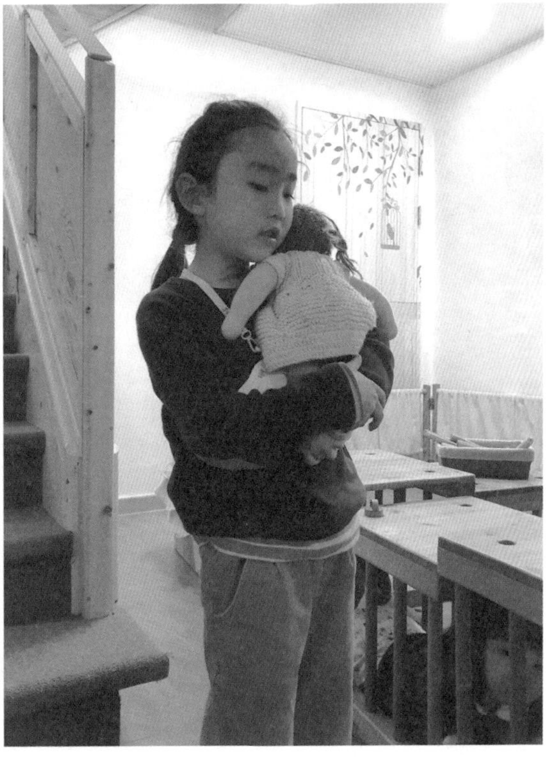

오늘날 아이들이 자신의 발달 수준에 상응하는 놀이를 즉흥적이고도 열정적으로 하기란 더 이상 당연한 일이 아니다. 이는 아이들 때문이라기보다는 아

주 어린 시기부터 모든 방면에서 아이들에게 주어지는 엄청난 영향 때문이다. 예를 들면, 디테일이 완벽하고 기술적으로 정확히 움직이도록 만들어진 장난감 때문에 아이들은 자연에서 얻는 물건, 천, 나뭇가지처럼 외형이 단순한 것들에 만족하기 어려워진다. 건강하게 자라는 아이라면 완벽하게 만들어진 기계를 외부에서 관찰하기보다는 직접 놀이를 하는 것을 선호할 것이다. 그런 완벽한 장난감에 대한 열광은 금세 사라지고, 허전한 마음과 더 요란한 것에 대한 기대만 남기 때문이다.

어른의 이런 노력에 대한 말없는 보상과 감사는 만족스러운 방법으로 놀이를 할 수 있음으로써 이 이른 단계에서 훗날을 위한 토대를 마련하게 된 아이들에게서 온다. 우리 어른에게 가장 중요한 과제 중 한 가지

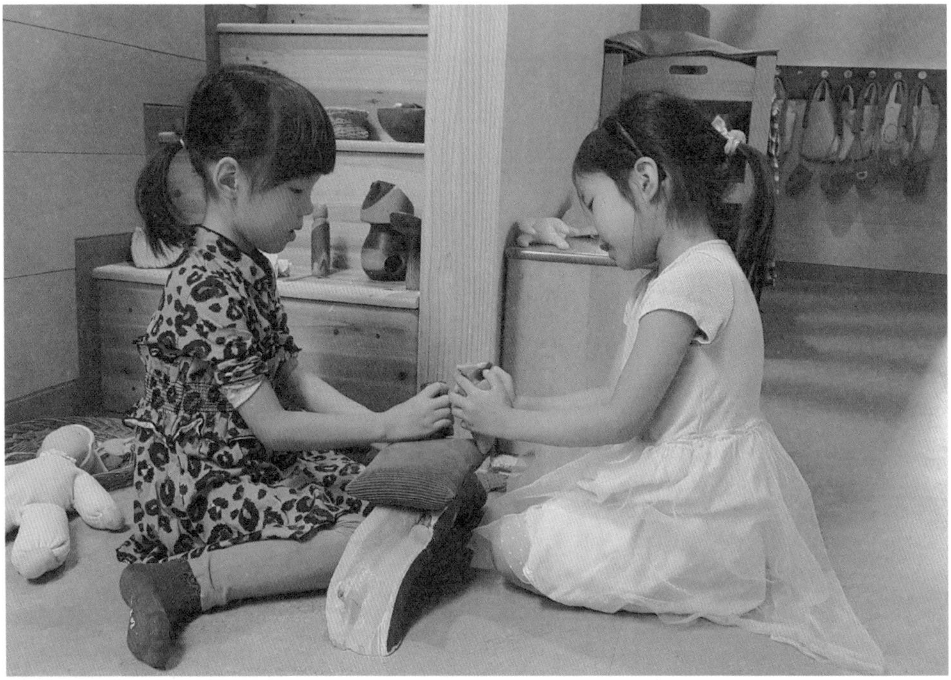

는 가정과 유치원에서 창의적인 자유놀이를 보장할 공간을 마련하는 일이다. 이는 무엇보다 목적에 충실하게 행동하는 어른, 자신이 하는 일을 좋아하는 동시에 아이들의 놀이에 조용히 동행하는 어른과 함께 모방하기에 적합한 세상을 만들어 내는 것을 뜻한다. 창의적인 놀이를 할 수 있으려면 현명한 말이나 놀이에 대한 조언, 또는 어떤 지시보다도 조용한 분위기가 있어야 한다. 아이들은 어른의 작업에 의해 "기운을 얻어야" 하며, 어른의 작업에 직접 참여하지는 않더라도 아이가 어른의 작업에 넓은 의미의 "한 자리"를 차지할 수 있어야 한다. 이는 얼핏 모순된 말처럼 들린다. 하지만 집안에서 뭔가를 할 때 평온함과 흥미를 발산하는 엄마와 아빠라면 누구나 경험하는 사실이다. 결국 가장 중요한 요소는 아이의 주변 인물들이다. 일상에 리듬이 생기고 질서가 잡히게 만드는 사람들, 일하기를 좋아하고 일의 대부분을 직접 나서서 하는 사람들이 가장 중요한 요소라는 말이다. 어린아이는 모방하는 존재이기 때문이다!

돌이켜 보면, 교육자의 과제는 앞에서 서술한 모든 것에서 쉽게 찾을 수 있다. 목표에 초점을 맞춘다면 아이가 발달의 각 단계를 완전히 장악하여 건강한 방식으로 발달을 이루어 내는 것보다, 각각의 도전을 극복하면서 강해지는 것보다 유아기에 더 중요한 일은 없다고 말할 수 있다. 7세 무렵에 신체가 완전히 형성되고 첫 번째 변화를 마치면, 아이는 그 이전에 놀이에서 보였던 만큼의 기쁨과 힘과 열정으로 초등학교의 요구를 감당해 내게 될 것이다.

프레야 야프케

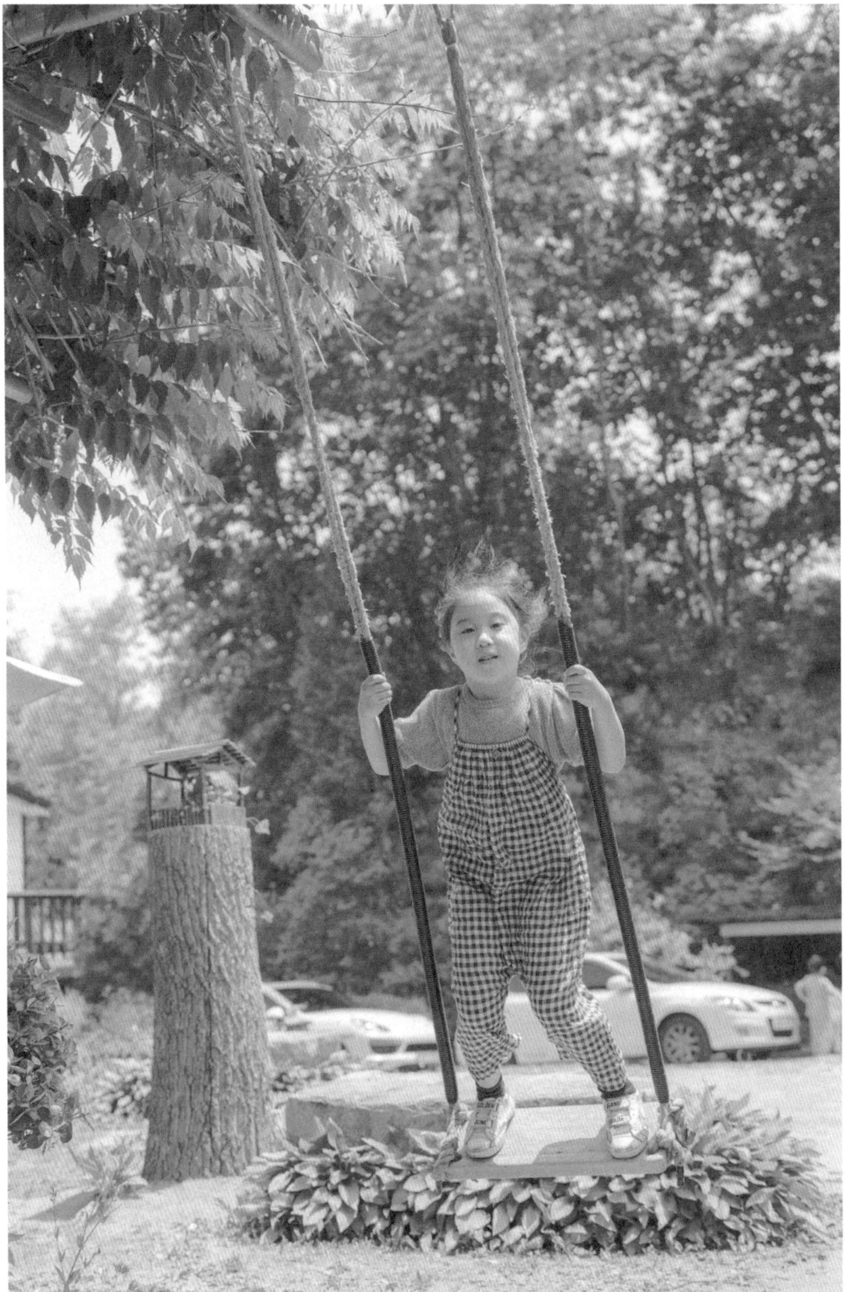

2. 혼합연령 그룹

혼합연령 편성은 나이가 서로 다른 모든 아이에게 상당한 이익을 준다. 나이가 어린 아이들은 자기보다 큰 아이들을 모델로 하여 사회성, 운동 능력, 상상력, 언어, 정서 등에서 확실히 다양한 기술을 배우게 된다. 그뿐 아니라 이야기, 놀이 활동, 노래 등을 통해 자신의 능력을 확장하는 이점도 있다. 큰 아이들과 재미있게 어울리기를 원하는 어린 아이들은 모방의 기적을 통해 무엇이든 한층 쉽게 배운다는 보상을 받는다. 혼합연령 그룹에서 내용의 일부를 더 발달한 아이들에 맞추어 진행하는 아침 열기 활동은 놀라운 경험이 된다. 큰 아이들이 보이는 열성적인 분위기가 작은 아이들을 이끌어 가는 듯하고, 작은 아이들은 큰 아이들을 모방하면서 완전히 집중해서 참여하는 모습을 보이기 때문이다.

혼합연령 그룹에서 나이가 많은 아이들이 얻는 것은 아마도 내면적인 이익에 가까울 것이다. 이 아이들은 약간 이전의 시기를 되돌아볼 기회가 생겨 자기가 지나온 시간이 어땠는지 알게 된다. 또한 자기가 배운 것을 행동으로 확인할 기회도 얻는다. 혼자서 겉옷 단추를 채운 뒤에 돌아서서 자기보다 어린 친구를 돕게 되면, 아이는 큰 만족감을 느낀다. 우리 어른들은 자신이 바로 얼마 전에 배운 것을 다른 사람에게 가르쳐 줄 때 어떤 긍정적인 이득을 얻는지 잘 안다. 그런 경험을 통해서 학습은 수동적인 지식의 영역을 벗어나 능동적이고 구체적인 것이 된다. 또한 다른 사람을 가르칠 때 우리는 그 가르치는 행동을

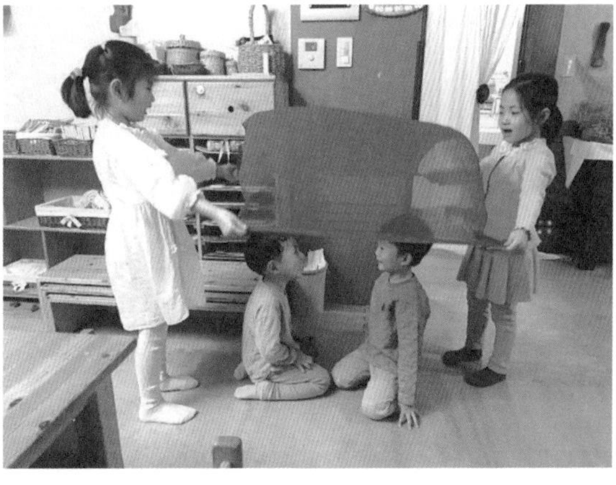

단계별로 나누어 하게 된다. 나이를 더 먹은 사람은 직감적으로 “발이 작으면 걸음도 작게”라는 옛말대로 하는 것이다. 이런 상황에서 나이가 많은 아이들은 어린 동생들의 미숙한 행동에 대한 동정심, 인내, 관용을 배울 기회를 얻는다. 이런 배움을 통해 큰 아이들은 행동으로 사랑을 표현하는 법을 배운다.

혼합연령 그룹에서는 발달 정도가 서로 다르면 사람들이 생각하는 표준도 그에 맞게 제각기 다르다는 사실을 알게 되는데, 이는 삶을 위한 훌륭한 가르침이다. 큰 아이들은 작은 아이들이 간과하는 행동을 절대로 그냥 넘기지 않는다. 그리고 큰 아이들에게는 작은 아이들이 경험을 통해 얻게 될 특전을 줄 수 있다. 이런 과정에서 큰 아이들은 자신의 성장을 가늠해 볼 수 있고, 작은 아이들은 목표를 향해 성장할 수 있다. 이 장의 상세한 설명을 통해 우리는 나이가 다른 아이들이 각자의 발달에 맞는 방식으로 그룹의 작업과 유치원의 전체 활동에 참여하는 모습을 보게 될 것이다.

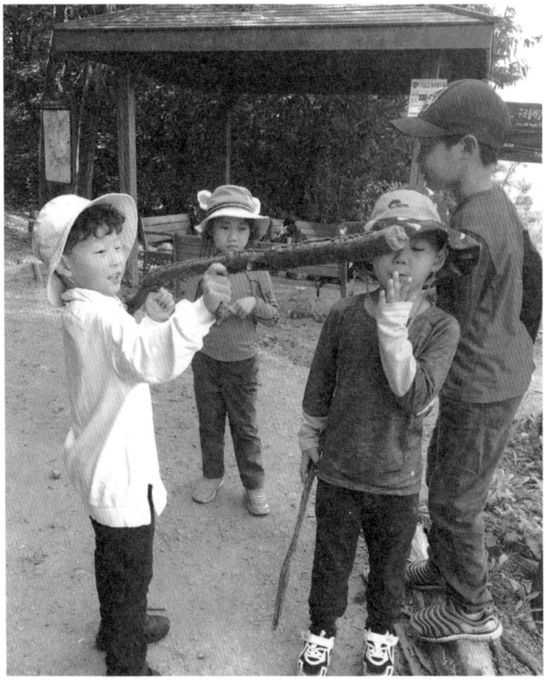

발도르프 교육은 사회성을 기르는 교육이다. 혼합연령 그룹에서 아이는 사람들의 다양한 능력과 경험에 적응하며 지낸다. 이 과정에서 아이 자신의 능력이 깊어지면서 완성되고 개발된다.

이를 위한 바탕은 교사 자신의 상상력과 내적 다재다능함이다. 혼합연령 그룹에서 교사는 끊임없이

노력하여 그룹의 모든 아이에게 맞는 재료를 알아내고, 나이가 다른 각 아이의 발달 과정을 감지하여, 필요하다면 하루 종일 모든 아이에게 적절하게 말을 걸어야 한다. 이는 교사에게 큰 도전인 동시에 축복이다. 교사가 이런 식으로 노력하면, 아이들은 인간의 이런 핵심적인 본성을 마음에서 마음으로 전해 받게 된다. 마찬가지로 큰 아이가 작은 아이에게 냅킨 접는 법을 알려 줄 때, 그리고 "우리 번갈아 해 보자!"라며 필요한 것을 얻는 사회적인 방법을 알려 줄 때, 많은 "가르침"이 아이들 사이에서 이루어진다.

교사의 내적 자세, 일에 집중하는 태도, 실내의 질서 유지, 하루의 리듬, 그룹 전체와 아이들 각각에 대한 분명한 지각 등, 이 모든 것을 아이들은 모방을 통해 흡수한다. 이런 내용들은 아이들의 내면 깊은 곳에 살아 있으며, 먼 훗날 아이들이 청년이 되었을 때 이 모든 것은 선물처럼 다시 삶 안으로 돌아오게 될 것이다.

샤리파 오펜하이머

이제 우리가 목표로 하는 취학 전 교육, 특히 단일연령(5, 6세)이 아니라 혼합연령(3~6세) 그룹으로 이루어진 유치원에서 프리스쿨 교육을 실현하려면 어떻게 해야 할지 알아보자. 다양한 연령 수준을 완전히 구분하는 일, 그리고 상상력과 수용 능력에 따라 상당히 달라질 것이 분명한 아이들의 요구를 만족시키는 일을 어느 정도로 해낼 수 있느냐는 것이 관건이 된다.

혼합연령 그룹에서는 아이들이 식구가 많은 집처럼 어울려 지내게 된다. 단일연령에서는 기대할 수도, 실제로 나타나지도 않는 방식으로 아이들은 서로에게서 배우고 서로 돕는다. 세 살 먹은 아이가 자신이 하면 안 되는 일을 여섯 살 아이는 해도 된다는 것을 경험하기란 거의 불가능하다. 반대로 여섯 살 아이가 하면 안 되는 것이 세 살짜리에게는 허용되기도 한다.

취학을 앞둔 시기에 아이가 나중을 위한 능력의 기초를 얻기를 원한다면, 아이들에게 삶의 다양한 모습을 가르치는 것이 가장 좋다. 하지만 풍부하게 채워지는 생활에서 무엇이 서로 다른 발달 단계에 있는 아이들에게 특별히 이로울지 선택하는 일은 어른들의 과제이다. 이와는 별도로, 어른들은 무엇보다 지적 학습 영역에서 너무 일찍 특정한 활동을 도입하여 아이의 발달이 한쪽에 편중되어 이루어지게 만들지 말아야 한다.

아이들이 어떤 방식으로 현실의 삶에서 배우는지는 주변의 모든 활동이나 행사에 즉시 참여하거나 놀이에서 그런 활동을 모방하는 모습을 보면 알 수 있다. 물론 이렇게 아이들이 배우는 방식을 알기 위해서는 우리가 실제의 활동에 참여하는 아이들을 관찰하고 함께 체험해야 한다. 그러므로 일상의 일들을 가능한 한 많이 유치원에서 실행하려는 구상이 교육자의 과제가 된다. 계획 안에 포함되어야 하는 일상의 일에는 요리, 빵 굽기, 빨래, 다림질, 청소, 먼지 털기, 꽃 장식 같은 집안일이 있을 것이다. 장난감을 만들고 관리하는 일도 있는데, 톱질, 톱밥 정리, 자르기, 붙이기, 갖가지 수선, 바느질, 고치기 등이 그렇다. 땅 파기, 씨 뿌리기, 심기, 물 주기, 잡초 뽑기, 풀 깎기, 수확 등 텃밭 일도 있다. 또한 길을 걷다가 쓰레기 수거 트럭, 거리 청소원, 정원사, 동네의 어린이집 직원 등을 만나는 것도 일상에서 일어나는 일이다.

그렇다고 해서 경험의 분량 자체가 최우선의 관심사는 아니다. 그보다는 아이들이 여러 가지 일과 그 일을 하는 사람들의 태도를 알게 되는 것이 중요하다. 사람들이 그런 다양한 일을 차근차근 해 나가는 모습, 서로 도와가며 일하는 모습이 중요한 것이다. 아이들은 이 모든 것을 비판적으로 숙고하고 평가하는 지적인 방식이 아니라 자기 전체를 동원하여 감싸 안아 경험하는 방식으로 받아들인다. 이를 통해서 아이 자신의 행동과 활동을 위한 자극이 깨어나고, 동시에 몸을 성장시키고 형성하는 힘들이 다양한 방식으로 활성화된다.

프리스쿨 시기에 교육 방법의 원칙은 바로 이런 발달 결과에서 유추된다. 교사는 의미 있고 필수적인 방식으로 아이들과 함께 작업하고, 그러면 아이들은 그 작업을 직접 받아들여 모방하는 가운데 활동할 수 있게 된다. 하지만 교사는 학교에서 하는 식으로 삶에 관한 정보를 가르치지는 않는다. 목표지향적인 방식은 심사숙고하여 기회를 풍부하게 제공하는 교육으로 구성되는 것과 동시에 다음과 같은 점을 완전히 열어 두어야 한다.

1) 각 아이가 모방을 통해서 파악하는 것
2) 연령별(3~6세)로 아이가 활동을 모방하는 방식
3) 각 아이의 발달 정도에 따라 나타나는 모방의 결과

아이들을 통제하는 세세한 내용을 계획하는 식으로 활동 시간을 구상할 필요는 없다. 즉, 아이들에게 "나중이 아니라 지금, 저것이 아니라 이것, 더 길지도 짧지도 않게 딱 요 길이로, 구석에서 혼자가 아니라 모두 함께"라는 식으로 할 필요는 없다는 것이다.

이런 측면으로 보면, 모방 능력과 발달의 분화는 다음과 같은 확실한 추정에 좌우된다.

1) 모방할 수 있는 세상을 꾸며내는 어른들의 방식
2) 첫 번째 7년 주기를 지내는 아이의 연령
3) 각 아이의 개별성

다음의 다양한 작업 상황(3~6세인 23명의 아이들)을 보면, 지금까지의 설명이 분명해질 것이다. 그런 작업은 아이들의 자유놀이 시간에 이루어지며, 따라서 유치원의 하루 리듬과 일주일 리듬에서 유기적으로 이루어진다.

정원사가 갓 잘라 낸 자작나무를 가져오고, 우리는 건축용으로 쓰기 위해 그것을 자를 예정이다. 하지만 5, 6세 아이들은 즉시 1미터나 되는 통나무 아래에 천을 깔고는 마룻바닥 위에서, 그리고 보자기가 드리워진 탁자 아래로(터널이랍시고) 기차처럼 밀고 다닌다. 다른 여섯 살짜리 아이들은 그 곁에서 손을 보태면서 누가 더 땀을 흘리는지 경쟁한다. 얼마 뒤에 얀Jan과 마르쿠스Markus(모두 6세)는 탁자를 늘어 놓아 실내 전체에 철로를 설치한다. 3, 4세 아이들은 참을성 많은 승객이 되어 차장의 지시대로 기차를 오르내린다. 이때 갑자기 큰 아이가 톱질하는 소리라면 철로에 잘 어울리겠다는 생각이 떠오른다. 그래서 우리는 서로 협력하기로 한다. 우리는 처음에는 천천히, 그 다음에는 좀 더 빨리, 그런 다음에는 다시 천천히 움

직이다가 잠시 멈춘다. 엔지니어들은 창밖 목공 작업대를 열심히 내다보면서, 톱이 얼마나 빠르게 목재를 파고드는지 주의 깊게 살핀다. 목재 덩어리가 잘려 떨어지기 직전에 아이들은 숨을 멈췄다가 곧 내뱉으며 신이 나서 기차역 이름을 외친다. 톱질이 멈춘 시간이 길지 않으리라는 것을 짐작한 차장은 승객들에게 서두르라고 재촉한다.

목공 작업대 아래에서는 아이들이 부지런히 톱밥과 나무껍질 조각을 모으고 있다. 4세인 마르쿠스는 톱밥을 말에게 먹이로 준다. 나이가 같은 게르노트Gernot는 톱밥을 실내에 눈처럼 뿌린다. 다섯 살이 된 타냐Tanja는 톱밥으로 생일 케이크를 만들고는 과일 씨로 장식한다. 아직 톱질하지 않은 나무 조각들 옆에 서 있는 네 살 된 마티아스Mathias, 아우레하Aureha, 주

잔네Susanne가 말한다. "이걸로는 다리를 만들 수 있겠어. 저건 커피 통을 만들고. 이것 좀 봐, 여길 자르면 굴뚝이 달린 집이 되겠네. 저것 좀 봐, 강아지 같이 생기지 않았니?" 아이들은 조금 긴 가지를 리코더, 바이올린, 첼로 삼아 들고 연주하면서 실내를 돌아다닌다. 잠시 뒤에 둘씩 짝을 지어 그 가지를 어깨에 메고 바구니를 건 다음, "사과 주스"를 팔러 다닌다. 나뭇가지를 사용하는 방법은 이런 것들 말고도 많아서, 지팡이, 스키 폴, 심지어 코바늘로 뜬 띠를 달아 활과 화살로도 쓴다.

세 살이 된 게오르기아Georgia는 겨드랑이에 인형을 끼고 목공 작업대 곁에 서 있다. 나무 조각 하나하나가 잘려 바닥에 떨어지거나 큰 아이가 그걸 받아내는 모습을 환한 얼굴로 지켜본다. 그리고 틈틈이 그 조각들

을 집어, 구석에서 나무껍질과 큰 나무 조각으로 집을 짓고 있는 여섯 살 먹은 헬게Helge와 미하엘Michael에게 가져다 준다.

톱질이 끝난 뒤에는 남은 나뭇가지를 바깥으로 끌어내고, 목공 작업대를 벽에 밀어붙이고, 공구를 정리하고, 톱밥을 쓸어 모은다.

이제 아침식사를 준비할 시간이다. 시리얼에 섞을 사과를 깎아야 한다. 세 살짜리 슈테펜Stephen이 내 곁에 서서 길게 깎여 나오는 사과 껍질을 흥미롭게 지켜본다. 그러더니 놀이방으로 가서 다른 아이들에게 "우리가 사과를 깎았어!" 하고 말한다. 그러자 네 살 된 코르넬리아Cornelia와 아우렐리아Aurelia도 와서 사과 껍질을 깎아 보려고 하지만, 한 바퀴를 길게 깎는 것은 쉽지 않다. 하지만 나중에는 사과 하나를 깎는 데 성공한다. 그리고 이 성공의 기쁨은 몇 주 동안 이어진다. 아이들은 상상놀이를 하는 중에 이런 체험을 모방하기를 좋아한다. 예를 들어, 나무 조각에 뜨개질 밴드를 달아 사과 껍질로 여기고 나무 껍질을 칼로 사용하는 것이다. 이렇게 할 때 "작업"은 금세 끝나지만, 아이들의 상상 안에서 다시 뜨개질 밴드는 호숫가 기슭이 되고, 나무 껍질은 배로 변한다. 또는 뜨개질 밴드로 커다란 나무 껍질을 둘러 묶으면 칸텔레라는 핀란드 하프가 된다. 여섯 살이 된 얀, 미하엘, 안티에Antje는 내가 사과 껍질을 나선형으로 아주 길게 깎는 모습을 보고 덤벼든다. 이 아이들은 그렇게 할 수는 없지만, 그 자리에 있는 사과를 다 깎을 때까지 시도한다. 그 동안 여섯 살 먹은 울리케Ulrike는 바느질하느라 바쁘다. 울리케는 바늘겨레, 가위, 골무, 천 조각을 바구니에 담아 자신의 "집"으로 가져왔다. 아이는 매듭을 묶어 인형을 만들고, 거기다 배개도 두 개 만든다. 다섯 살짜리 디트마르Dietmar가 자신의 구둣방에서 만든 양털 신발을 신어 보라고 몇 번이나 권하며 방해하지만, 울리케는 꼼짝도 하지 않는다.

혼합연령 그룹에서 아이들이 놀고 작업하는 모습을 잠깐 들여다보면, 우리는 어른이 하는 작업에 참여하는 아이들의 모습이 제각기 얼마나 다른지, 나이에 따라 그 행동에 어떤 차이가 있는지, 아이들의 분별 능력의 발달과 그 방법이 얼마나 다양한지 알 수 있다. 이를 통해 우리는 서로 다른 세 가지 발달 단계를 확인하고, 아이의 발달을 자극하는 데 필요한 전제 조건들을 알게 된다. 오늘날 아이들은 놀이를 하거나 목표지향적으로 행동하는 법을 배워야 한다. 특히 상상을 기반으로 놀이할 기회를 가져 보지 못하다가 다섯 살이 되어 처음으로 유치원에 오는 아이들은 더욱 그렇다.

많은 아이가 학교에 다니기 시작하면서 막 끝나게 되는 첫 발달 단계

에서는 활동 면에서 큰 변화가 일어나는 모습이 관찰된다. 이 시기의 아이들은 지켜보고, 돕고, 어떤 경우에는 큰 아이들에 의해 놀이에 초대받기도 한다. 그리고 어느 때는 놀이에 몰입하여 주변의 모든 것을 잊어버리기도 한다. 네 살 때의 활동은 큰 폭의 변화를 보인다는 특징이 있었는데, 이제는 발달하고 있다는 느낌, 상상력이 활발하다는 느낌을 준다. 그러나 이런 발달을 가능하게 하려면 놀이 재료가 단순해야 한다. 장난감이 아이의 상상력을 자극할 수 있는 동시에 스스로 변형될 수 있을 만큼 단순한 것이어야 한다는 말이다. 5세부터 아이는 상상력과 기억력을 점점 더 자기 의지대로 사용할 수 있게 되고, 이에 따라 즉흥적인 행동이 점점 더 조직적이고 목표지향적인 행동으로 바뀐다. 이 연령의 아이들이 같이 하는 놀이는 주로 계획에 의해 짜여지고 논리적인 과정을 거치면서 수행되는 것들이다. 그렇지만 이런 변화 때문에 즉흥적인 아이디어가 떠올라 놀이 상황을 반복해서 완전히 바뀌는 일이 막히지는 않는다. 다만 이 시기의 아이들이 하는 놀이가 대부분 확실한 목표를 향해 확고하게 진행된다는 것이다.

아이들의 행동이 연령에 따라 달라진다는 사실을 마음에 새기고 있는 교육자라면 어려운 상황이 닥쳐도 잘 해결할 수 있을 것이다.

예를 들면, 자유놀이 시간이 끝나 정리하고 있을 때, 세 살, 네 살 아이들은 정리하는 어른 곁에서 바쁘게, 아무 생각 없이 뭔가를 하느라 분주하다. 이 아이들은 아직 정리라는 활동의 목적과 연관성을 제대로 이해하지 못하기 때문에 그렇다. 어떤 경우에는 제대로 하려고 생각하면서도, 어른이 방금 제 자리에 둔 것을 다른 곳으로 옮기기도 한다.

4, 5세 아이들은 열심히 돕지만, 정리하는 일을 금세 놀이로 만들기도 한다. 그러면 정리를 위한 다른 격려가 있어야 한다. 예를 들어, "동물 인형들을 제자리에 가져다 놓자!" 하는 식으로 추상적인 제안을 할 게 아니라, "자, 너흰 이제 농부야. 그래서 풀 뜯던 가축들을 모두 울타리로 몰아넣어야 해." 등의 말로 생생한 그림을 제시하는 것이다. 4, 5세 아이들이 쌓기 블록을 가져오거나 천 조각을 접거나 자기가 앉을 의자를 가져올 때는 종종 넘치는 상상력에 자극되어 매우 창의적으로 행동한다. 집에서 엄마가 다리미질을 하고 있으면, 탁자 위의 옷을 천천히 잡아당기거나, 스툴 의자를 뒤집어 들고 다림질을 한다고 옷을 문지른다. 의자를 어깨에 매고 "목공소"에 가져가기도 하고, 의자 몇 개를 나란히 붙여 밀면서 기차놀이를 한다. 바구니 안으로 판자를 기울여 놓고 그 위에 쌓기 블록을 올리면서 덤프트럭이나 화물선 적하 장치 놀이를 하기도 한다.

5, 6세 아이들은 벌써 놀이 장면에서는 떨어져 자기에게 주어진 과제를 할 수 있게 된다. 이 아이들은 혼자 정리할 영역을 스스로 정하거나 과제를 달라고 어른들에게 요구하기도 한다. 일반적으로 이 아이들은 어른이 작업하는 모습을 눈여겨본 다음에 아주 조심스럽게 그 작업을 해 본다. 예를 들면, 아이들은 쌓기놀이나 상점놀이를 하는 곳에서 천을 아주 깔끔

하게 접거나 바구니들을 가지런히 정돈한다. 아이들은 일년 내내 같은 작업을 되풀이하면서 그 작업의 순서와 논리를 배워 알고 있기 때문에, 어른들이 개입하지 않아도 손을 보탠다. 그래서 쌓기놀이 공간의 정리정돈이 끝나기도 전에 빗자루와 쓰레받기를 가져온다.

연령에 따른 이런 차이점들은 혼합연령 그룹의 일상에서 이루어지는 모든 활동에서 그 모습을 드러낸다. 각 아이는 그룹 안에서 지내면서 자신의 발달 단계를 성취하는 것이 보통이다. 혼합연령 그룹 안에서 연령의 차이로 인한 모방 효과도 아이에 따라 다르게 나타난다. 그런 그룹에서 5, 6세 아이들이 스스로도 발달해 가는 과정에 있기 때문에 혹시나 나이를 더 먹은 만큼의 모델 역할을 못하지는 않을까 하는 염려가 있을 수 있다. 그런데 이런 염려가 현실이 되는 경우는 그룹의 규모가 실제로 20~23명에 이르거나, 장소가 좁아 넓은 공간이 필요한 놀이를 할 수 없을 때이다. 이런 외적인 고려 사항을 제외하면, 다른 모든 것은 일을 하는 어른들의 내적 태도에 달려 있다. 아이들은 어른의 내적 태도를 간파하고 모방하므로, 이 내적 태도는 아이들이 자기 주도적으로 발달하는 법을 배우는 데 도움이 된다.

훗날 성장한 뒤에도 아이 삶의

많은 영역은 처음 6, 7세에 얻은 경험의 형태에 좌우될 것이다. 발달의 이 초기 단계에 싹튼 것은 나중에 다른 발달 과정에서 반드시 그 모습을 드러내게 되기 때문이다. 그런 것들로 인해 사람은 여러 영역에서 역량과 결핍이 생긴다. 예를 들면, 목표가 있고 이해할 수 있는 주변의 작업을 모방하여 흡수하는 데 아무런 방해를 받지 않은 아이들은 어른이 되었을 때 그런 작업을 지적 수준에서 해낼 수 있다. 그렇게 자란 사람은 논리적인 사고가 가능하다. 어른이 하는 작업에서 아이가 지각하여 모방을 통해 할 수 있게 된 모든 것, 즉 의식, 주의력, 질서, 작업의 목표지향적 결과 등은 늘 집중적인 경험과 함께 이루어진다. 이 과정에서 경험의 내용은 사람의 심층으로 들어갔다가 나중에 그 어떤 계기로 깨어나 의식 안으로 올라온다. 이렇게 의식 안으로 올라온 경험의 내용은 인생을 독립적이고 목표에 맞게 꾸며가도록 돕는다. 특히 사지를 움직여 많은 기량을 익힐 기회를 얻는 아이들은 교사의 말을 진지하게 따를 수 있게 된다. 그러다 보면 자신의 움직임도 통제할 수 있다. 그러면 아이들은 외적으로 침착해지면서 내적으로 점점 더 활발하게 움직일 수 있게 된다. 물론 이렇게 여러 능력은 변화할 뿐 아니라 시간이 지나면서 강화되기도 한다.

이상으로 어른의 작업, 그리고 아이들의 놀이를 통한 이 작업의 변화 과정을 서술해 보았다. 예술 활동(오이리트미, 수채화, 조소, 음악 활동), 이야기 들려주기, 바깥 자유놀이 등도 통합적인 교육 활동에서 똑같이 중요한 요소임은 말할 것도 없다. 이런 활동들에서도 영역별로 발달을 자극하는 효과와 연령 수준에 따른 발달 내용이 드러나기 때문이다.

프레야 야프케

3. 의지의 발달에 중요한 모방

모방의 힘은 서로 반대되는 결과를 낳는 두 가지 과정을 통해 작용한다. 감각을 통해 받아들이는 수동적 과정, 그리고 의지가 감각의 정보를 포착하는 능동적 과정이 그것이다. 아이가 태어나면, 유기체의 많은 부분은 그 형태가 아직 미완성인 상태이며, 리듬도 제대로 작동하지 않는다. 물질적인 형태, 즉 몸을 지상의 삶에 적합하도록 완성시키는 정신의 작업은 감각에 의한 수용과 의지에 의한 포착이라는 두 과정을 통해 이루어지는 것이다.

앞의 장에서 본 것처럼, 물리적인 환경은 아이의 감각이 세상을 향해 열림으로써 발달하도록 만들어져야 한다. 아이는 주변에 있는 모든 것을 수용하지만, 거친 것, 지나치게 자극적인 것, 기계적이거나 전자적인 것, 폭력적인 것 등이 주어지면 아이의 유기적 반응에 의해 감각이 닫힌다.

아이가 무엇인가를 배우는 데 필수적인 세 가지 요소, 즉 감각적 경험, 정서적 반응 행동, 주변의 전형에 대한 모방이라는 요소를 상기해 보자. 감각적 경험으로 인해 신체기관이 닫힌다면, 학습 활동은 심각한 방해를 받는다.

예를 들어 소음 공해가 너무 심해서 내이內耳의 섬세한 수용체들이 손상되면, 아이는 고음역대의 소리를 들을 수 없게 된다. 이 높은 음역대의 소리를 정확하게 들으면 두뇌에서 집중하고 주목하는 역할을 맡은 영역이 자극된다. 시끄러운 음악이나 기계음에 노출된 아이는 그런 감각 능력을 위한 바탕을 잃어버린다. 최근에는 두뇌의 통합을 돕기 위해 음향을 이용하는 새로운 치유법들이 등장하고 있다.

전자 매체나 TV, 너무 이른 시기에 이루어지는 지적 학습 등으로 인해 움직임이 제한되면, 학습뿐만 아니라 이 세상을 의미 있게 만드는 데 반드시 필요한 요소가 손상된다. 심지어 영아기에도 아이들의 움직임은 억제된다. 딱딱한 바닥에 깔린 담요 위에 눕혀져 마음대로 사지를 버둥거리고 뻗고 구르는 대신, 아기들은 몇 시간씩 푹신푹신한 리클라이닝 시트에 묶여 지낸다. 걸음마를 배우는 데는 균형감각과 코어 근육의 발달, 움직임을 통한 탐색 등이 전제되어야 하는데, 이를 방해하는 것이 바로 보행기이다. "안전해야 한다"는 모토에 대한 현대인의 집착 때문에 탐색 활동이 너무 심하게 제한되는 바람에 아이의 전반적인 발달은 "위험한" 상태에 빠진다.

어린아이들의 모방 능력이 지나친 지시로 구조화된 활동에 제압당하면, 모방이라는 필수적인 학습 요소는 약화된다. 유아교사들은 미디어의 영향 등으로 인해 타고난 모방 능력이 후퇴하는 모습을 아이들에게서 간파한다. 아이의 모방 능력을 지키고 발달시키기에 가장 바람직한 환경은 창의적인 놀이의 영역이다. 이 장에서 우리는 아이들을 모방으로 이끌 뿐만 아니라 반짝이는 상상력의 발달을 자극하려는 교사의 작업을 생생하게 만나게 된다.

이 공식에 들어 있는 결정적인 요소는 인간적인 어른, 즉 모방할 가치가 있는 사람이다. 우리가 아이들에게 폭넓은 감각 경험을 허용하고 격려할 뿐 아니라 목적이 있는 움직임에 반응하는 능력을 발달시키는 외적 환경을 만들어 내는 것, 그리고 이에 더하여 아이들의 선천적인 모방 능력을 발달시키는 것이 가장 중요한 일이다. 그러나 동시에 우리는 내적 환경, 즉 우리 자신의 질서, 리듬, 목적, 의지, 유아 현장의 일상에서 유지하는 정서적 분위기에도 주의를 기울여야 한다.

샤리파 오펜하이머

오늘[8] 우리는 의지의 발달에 관해서, 그리고 아이에게 모방할 대상이 주어지는 것이 얼마나 중요한 일인지 알아볼 것이다. 우리 모두는 아이들이 대단히 열린 존재들이며 아이 전체가 감각기관이라는 사실을 알고 있다. 아이들이 받는 모든 감각적 인상은 아이들의 몸 깊이 들어간다. 아이들은 자신에게 밀려드는 감각적 인상들을 물리치지 못한다.

감각기관은 사람이 사용하는 도구에 지나지 않는다. 예를 들어, 눈 자체는 보지 못한다. 눈을 통해서 사람이 보는 것이다. 그러므로 눈은 대상을 보는 도구일 뿐이다. 대상을 볼 수 있으려면 사람 안에 있는 의지가 작동해야 한다. 물질적인 신체는 그 전체가 아이의 정신과 영혼을 위한 커다란 감각기관이며, 아이의 정신과 영혼은 이 지상의 삶 이전의 존재에서 온 것이다.

여기서 우리는 두 가지 현상을 보게 된다. 우선 아이 전체가 감각의 존재라는 것, 그리고 둘째로 아이 전체가 의지의 존재라는 것이다. 주변으로부터 오는 모든 인상은 의지에 의해서, 그리고 감각을 통해서 포착되어 몸 깊이 들어온 다음, 자신의 표식을 신체기관들에 남긴다. 이 두 현상이 통합되는 모습은 모방이라는 경이로운 힘에서 드러나며, 모든 아이는 태어나기 이전의 상태로부터 이 힘을 선물로 받아 가져온다. 태어나기 이전의 상태에서는 사람의 영혼이 우주적 존재들에 둘러싸여 있으며, 이 우주적 존재들은 사람의 영혼에 침투하고 또 사람의 영혼은 우주적 존재들을 따른다. 이런 "습관"이 출생이라는 관문을 거쳐 아이의 어린 시절로 이

8) 이 글은 미국 뉴햄프셔주 하이모우잉High Mowing 발도르프 학교에서 열린 북미 유치원 컨퍼런스에서 행한 프레야 야프케의 강의를 요약한 것이다. 프레야 야프케의 강의록을 토대로 한 이 요약본은 실제로 행해진 강의의 내용과 부분적으로 일치하지 않을 수 있다.

어져 아이의 모방 능력에서 그 모습을 드러낸다. 아이의 모방 행위는 먼저 감각을 통한 수용, 그리고 의지에 의한 포착과 모방이라는 이중의 과정을 거친다. 루돌프 슈타이너는 《발도르프 아동교육》에서 다음과 같이 의지의 발달을 서술하고 있다.

> "건강하고 힘찬 의지의 발달을 위한 토대를 놓기 위해서는 앞서 고찰한 교육의 기본 요소들을 생후 첫 7년 동안 올바르게 다루어야 합니다. 왜냐하면 그러한 의지는 물질체의 형태가 완전히 발달해야만 지탱되기 때문입니다."[9]

우리는 어린아이의 모든 기관이 상대적으로 그 형태가 미완성 상태라는 사실을 알고 있다. 어린아이의 기관은 아직 어른의 기관과 같은 모양이 아니며, 각 기관의 리듬도 아직 제대로 발달한 상태가 아니다. 따라서 우리는 이렇게 자문할 수밖에 없다. "어떻게 하면 기관이 완전한 모습을 갖추게 되고, 기관의 리듬과 기관 사이의 조화로운 협동이 가능해질 것인가?" 이 두 가지 변화는 주로 아이의 바

9) 《발도르프 아동교육》, P.81

깥 세계로부터 주어지는 영향을 통해, 특히 하루 또는 한 주간 동안 같은 시간에 반복되는 리듬적인 일들을 통해 이루어진다.

이제 출생 후 첫 3년을 살펴보자. 이 시기에 우리는 아이가 의식하지 못하는 상태이긴 하지만 자신이 가진 의지의 힘을 다양한 방법으로 사용하고 실행하는 모습을 보게 된다. 이 작은 아이가 천천히 몸을 일으켜 세워 걸을 수 있게 되는 데는 얼마나 놀라운 의지의 움직임이 개입하고 있는 것인가! 그런 다음에 아이는 집안에서 엄마를 졸졸 따라다니면서 엄마와 함께 빨래하고 청소하고 장 본 것을 싸거나 푸는 "일"을 한다. 엄마가 일을 질서 있게, 그리고 서두르지 않고 차분히 하면 할수록 아이의 의지는 그만큼 더 확실한 방향으로 인도된다. 이렇게 되면 아이는 사지를 조화롭게 움직이는 법을 잘 배우게 된다.

아이가 하는 모든 행동에는 성찰이나 숙고가 동반되지 않는다. 아이의 행동은 모방과 습관에 의해 실행된다. 아이 앞에 있는 전형(모델)의 특성이 습관의 발달을 결정하며, 같은 방법으로 아이는 자신의 한계를 체험한다. 예를 들어, 그릇에 담긴 시금치를 식탁 위에 쏟거나 함부로 식탁보를 당기고 전선을 뽑는 아이의 행동을 보고 어른이 그저 웃기만 하면, 아이는 나쁜 습관을 얻을 뿐 아니라 아이의 의지는 건강하지 않은 방향으로 발달한다. 아이 앞에서 어른은 행동에 앞서 먼저 생각해야 한다는 것이다! 아이의 부적절한 행동을 바꾸려면 어른이 상상력을 발휘해야 한다. 아이에게 하지 말아야 할 것을 가르치려면 어른이 일관성 있게 행동해야 한다. 다시 말해서, 아이에게는 어른이 모든 일의 표준이며, 어른이 보이는 모범이 아이에게 명확한 방향 설정과 현실 감각을 제공한다. 스스로를 인도할 능력이 없는 시기에 아이는 어른의 의미 있는 의지 행위에 둘러싸여 있어야 한다.

아이들이 처음으로 자신의 의지를 체험할 때 아이들에게 첫 번째 위기가 닥친다. 그러면 아이들은 "나"라는 단어로 자신을 가리키고 다른 사람들에게는 "싫어!"라고 말하기 시작한다. 이때 아이들은 커져가는 자신의 의지와 자기를 둘러싼 타인의 의지 사이에서 갈등을 겪는다. 자신의 의지를 보여주는 것은 주변에 있는 다른 사람들의 의지와 연관될 때만 가능하다. 이제 아이들은 자신의 의지를 주변 사람들의 의지와 조화롭게 일치하도록 하는 법을 천천히 배울 때가 된 것이다. 여기서 우리는 아이를 둘러싼 환경에서 이루어지는 바람직한 습관과 리듬이 얼마나 경이롭고 건강에 이로운 것인지를 다시 보게 된다. 특히 이 시기에는 좋은 습관과 리듬이 아이들이 많이 겪는 어려운 상황을 이겨내는 데 무엇보다 큰 도움이 된다.

유아기의 첫 시기에 아이의 의지는 엄마의 행동과 긴밀하게 연결된 상태에서 작동한다. 그 다음 3~5세의 두 번째 시기에는 의지가 점점 더 상상력과 연관되어 아이의 상상 안에서 작동하기 시작한다. 이 시기에 아이들의 상상은 주변 사물에서 영감을 얻어야 한다. 예를 들어, 나무껍질 하나와 돌멩이 몇 개를 보고 아이는 배에 사람들이 타고 있다고 여긴다. 인형을 보면 먹을 것을 주고, 작은 벤치는 우편함이 되는 식이다. 아이의 상상 안에서 의지는 사물을 변형시키고, 그러면 아이는 실제의 사물이 필요 없게 된다. 이때 아이에게 주어지는 사물은 아이의 창의적인 행위를 가능하게 하도록 충분히 단순해야 한다. 주변의 사물은 아이의 상상을 일깨운다. 아이들은 자신의 눈에 실제라고 여겨지는 대상을 새로 만들어 내면서 기쁨과 자유를 느낀다. 아이들이 주변의 사물을 놀이 재료로 만드는 예를 한 가지 들면 이렇다. 엄마가 커다란 꾸러미를 만들고 남은 끈을 의자 등받이에 걸쳐 두었다. 그러면 아이는 끈의 한쪽 끝에 숟가락을 묶고는 다른 끝을 당기면서 크레인 놀이를 한다.

3~5세 아이는 상상과 기억이 동시에 나타나는 모습을 보인다. 이전에 한 번 보았던 사물이나 사건이어야만 기억할 수 있다. 아이는 어떻게 뭔가를 기억하게 될까? 기억한 상과 사물을 연결하는 상상은 실제로 어떻게 가능해질까? 그리고 아이가 이 상상을 창의적인 놀이에 사용하는 것은 어떻게 가능해질까? 이런 물음에 대한 답은 의지라는 힘에 있다. 의지의 힘 없이는 아무 일도 일어나지 않는다. 의지의 힘이 혼란에 빠지면 아이의 놀이에서 의미 있는 일은 아무것도 일어나지 않는다. 바로 이 점에서 우리는 의지의 올바른 발달을 돌보는 것이 얼마나 중요한지 알 수 있는 것이다.

건강하고 균형 잡힌 아이들은 똑같은 놀이 재료나 똑같은 놀이에도 언제나 새로운 아이디어를 더한다. 이 아이들은 언제나 활동적이며, 언제나 자신의 의지대로 뭔가를 하느라 분주하

다. 예를 들어, 우편함 역할을 했던 작은 벤치는 이제 동물 사육사, 인형 침대 등이 된다. 우리 모두는 놀이에 서툴고 다른 아이들의 놀이를 훼방하기만 좋아하는 까다롭고 불안정한 아이들에 익숙하다. 그리고 아무것도 하지 않고 다른 아이들의 놀이를 구경만 하는 아이들도 있다. 이 아이들에게 무엇보다 필요한 것은 얼마 동안이라도 어른의 의미 있는 일과 유치원의 따뜻한 분위기를 경험하는 것이다.

5세 무렵에는 두 번째 위기가 닥치는데, 이는 특히 여태껏 늘 분주히 뭔가를 해왔고 해야 할 것을 잘 알고 있던 아이들에 해당된다. 이때는 무슨 일이 일어날까? 상상이 확연히 사라진다. 그리고 마치 의지가 마비된 듯한 모습을 보인다. 그래서 이렇게 말할 것이다. "오늘 뭘 할지 모르겠어요. 따분해요." 아이의 내면에서 큰 변화가 일어나고 있다. 이 시기에는 아이에게 조용한 시간이 필요하므로 우리가 아이의 판타지 능력에 말을 걸지 않는 것이 중요하다. 따라서 "넌 어제 아름다운 풍경을 만들었잖아. 그러니까 오늘도 그렇게 하렴."이라고 말하는 대신, 인형에게 줄 작은 책을 만들거나, 두꺼운 천으로 바늘겨레를 만들거나, 아니면 종이 자르는 나무칼을 다듬게 하는 것이 좋다.

이런 활동은 모두 어른이 하는 일과 강하게 연관되어 있어야 한다는 점이 중요하다. 이때는 아직 모방의 시기지만, 점점 더 말을 사용해서 아이를 활동으로 인도할 수 있다. 이 아이들에게는 와서 우리가 하는 일을 도와달라고 요청할 수 있는데, 다만 의사를 묻지 않는 편이 좋다. 부엌에 와서 음식을 만들거나 빵을 굽는 일을 도우라고 할 때는 "도와주지 않겠니?"가 아니라 "와서 좀 도와주렴"이라고 말해야 한다. 그렇게 어른의 일을 돕다 보면, 금세 아이에게는 자기만의 놀이를 할 새로운 자극이 생겨나게 된다.

발달의 새로운 단계가 진행되는 5세 무렵에는 자신이 하고 싶은 것에 관한 상 또는 마음 속 이미지가 아이들의 내면에 생긴다. 그러면 이제 의지의 힘이 개입하여 이미지 안으로 들어온다. 이 과정에는 많은 노력이 필요하다. 아이는 여전히 유치원에 있고, 놀이 재료에는 변화가 없다. 마음 속 이미지 안에서 미용실, 구급차, 또는 어선, 식당 등의 계획이 생기면, 아이는 몇 해 전의 익숙한 상상을 불러내야 한다. 그뿐 아니라 인내심, 열정, 지구력도 필요한데, 이런 것들 안에는 모두 의지가 강하게 작동한다.

5세가 되기 전에는 놀이를 위한 자극이 바깥쪽에서 온다. 구부러진 나무 조각을 보면 아이는 "난 이제 굴뚝청소부예요" 하고 말한다. 5세가 되면 같은 것을 보고는 "굴뚝청소부 하는 게 좋은데요, 그러려면 손잡이가 긴 빗자루가 있어야 해요" 하고 말한다. 아이는 비슷한 것, 예를 들어 깃털 같은 것을 찾아 연결하고는 길고 둥근 리본을 달고 만족한다. 5세 전에는 의지의 활동이 외부에서 상상을 자극하는 것에 의해 작동했다. 그런데 5세부터 의지의 힘은 내면에서 노력을 기울인다. 이때부터 의지는 내면의 이미지와 결합하고 익숙한 상상과도 결합한다. 그래서 아이는 외부로부터 오는 자극 없이도 내면의 이미지 안에 새로이 등장하는 사물을 창조해 낸다.

발달의 이 시점에서 우리는 아이들이 톱질, 못질, 망치질처럼 강한 신체적 작업을 해야 한다고 생각하기 쉽다. 그런 작업도 하긴 할 것이다. 하지만 삶의 이 특별한 시기에 의지의 힘은 근육 안에서 사용되는 데 그치지 않고 아이의 내적 존재 안에서도 강하게 성장해야 한다. 내적인 이미지 안에도 의지의 힘이 개입해야 하는 것이다.

당연한 얘기지만, 아이는 놀이를 위해 도움이 필요할 때가 있다. 이 경우에 어떻게 우리가 아이의 놀이를 도울 수 있는지를 보여주는 두 가지

놀이 상황을 보자. 여섯 살 반이 된 플로리안Florian은 서커스 단장 놀이를 하고 있다. 아이는 다른 아이들에게 갖가지 천을 걸치도록 해서 여러 동물을 만든다. 그런 다음 무엇을 하고 어디에 있을지 말해 준다. 동물이 된 아이들은 즐거워하며 얼마 동안 플로리안이 이끄는 대로 한다. 플로리안이 더 이상 새로운 아이디어를 내놓지 않으면서 몇몇 "동물들"이 이미 자리를 뜨고 말자, 나는 플로리안에게 말한다. "자, 이제 서커스는 막을 내렸어. 그러니 서커스 단원들은 모두 와서 간식을 먹어야지." 그러자 플로리안이 이렇게 대답했다. "네, 그럼 서커스 단원들은 이제 짐을 꾸려서 다음 마을로 가야죠. 아, 저건 우리 서커스 마차가 되겠네. 서커스 마차는 늘 지붕이 둥글죠, 안 그래요?"

아이가 가리키는 것은 내가 일하는 책상 아래 있는 물건으로, 조금 전에 "우리"로 쓰인 것이다. 아이는 "서커스 마차"를 만든 다음, 마차의 작은 창문을 통해 나를 보며 말한다. "와, 벌써 국경까지 왔네! 이제 다른 지방으로 가면 눈이 많이 올 테니까 제설기가 있어야 해요." 그러더니 오래된 목제 쓰레받기를 마차 앞에 묶었다. 마차 뒤에는 소금을 뿌리는 장치인 듯한 뭔가를 달았다. 아이는 위쪽에 작은 구멍이 많이 난 작은 벤치를 마차의 짐칸으로 쓴다. 벤치를 겹쳐 쌓은 뒤, 벤치의 구멍으로 작은 밤을 떨어뜨리며 무척 즐거워한다.

다음날 플로리안은 다시 마차를 만든다. 하지만 이번에는 제설기나 소금 뿌리는 장치를 달지 않는다. 마차를 완성한 플로리안은 "자, 이건 기관차예요" 하고 말한다. 그런 다음 아이는 마차를 두 번 더 만든다. 다른 아이들이 함께 놀고 싶어하지만, 뭘 할지 모른다. 그래서 내가 말해 준다. "마차 하나에는 내 짐을 싣고, 난 여행 중이니까 여행가방을 들어줄 짐꾼도 있어야지. 다른 마차는 식당이면 어떨까. 여행 중에 뭘 좀 먹을 거니까." 아이들은 "일"하느라 무척 바빠진다. 몇몇 아이는 나의 가방(통나무 조각들)을 기차로 나른다. 다른 아이들은 기차의 식당칸에 식탁을 설치한다. 천을 접어서 메뉴판이라고 건네면서 주문하라고 말한다. 그런 다음 예쁜 접시 몇 개를 가져와 식사를 차린다. 나는 책상에서 꼼짝 않고 아이들의 놀이에 완전히 빠져들고 만다. 내가 다른 때와는 달리 식당칸에 앉지 않지만, 아이들은 개의치 않는다.

이렇게 모든 것을 갖춘 놀이를 할 줄 아는 아이들이 해마다 몇 명은 있어서 다행이라는 생각이 든다. 그런 아이들이 있으면 다른 아이들도 자극을 받는다. 또 다른 사례는 6세인 지몬Simon이다. 이 아이는 이전에 책상 아래에 캠핑장을 만들었다. 그렇게 한 다음에 더는 아무 일도 일어나지 않는다. 그래서 내가 나선다. "캠핑장에는 화로가 있어야 음식을 하지?" "아, 그럼 막대기 몇 개만 가져 갈게요." 나는 "그러렴. 세 개 가져가." 하고 대답한다. 아이들은 막대 세 개를 붙여 화로 다리를 만든다. 그리고 빨간 천, 노란 천 조각을 화로 아래 넣어 불을 피우는 시늉을 한다. 막대로 만든 화로 위에 얹은 작은 바구니는 솥이다. 아이들은 막대기 두 개를 더 달라고 하더니, 그걸 의자 두 개 사이에 걸쳐 놓고 천을 덮어 텐트를 만든다. 텐트 안에는 카펫을 깔고 쿠션을 둔다. 이 활동은 정리정돈 시간까지 이어진다. 얼마 후 아이들은 조금 실망한 기색이다. "아직 전혀 놀지 않아서" 그렇단다.

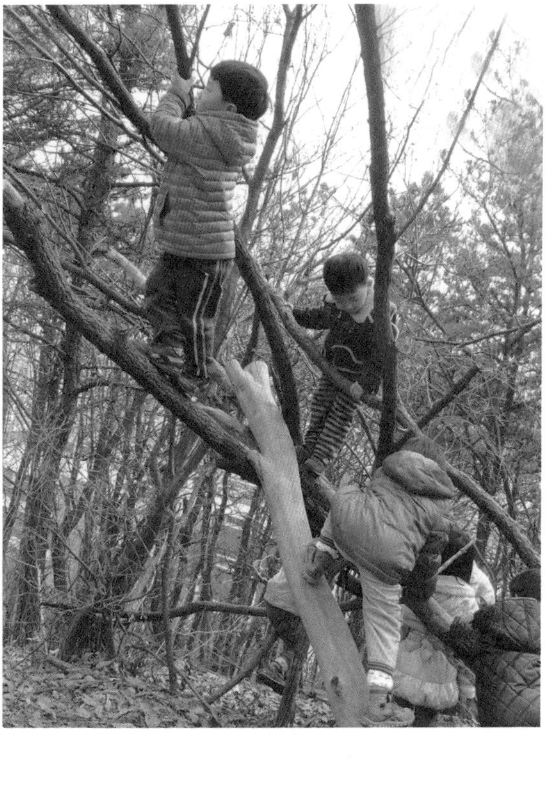

그러면 이런 질문이 제기될 것이다. "이런 놀이 상황에서 의지의 힘이 강해지도록 도우려면 어른은 뭘 해야 할까요?" 루돌프 슈타이너의 말처럼 신체기관에 각인되는 것이 외부에서 온다면, 그리고 잘 발달한 신체기관이 의지를 가장 잘 지원한다면, 아이의 주변에는 리듬, 좋은 습관, 사랑 등 여러 가지 좋은 질서가 있어야 한다. 아이의 주변에 바람직한 질서를 마련하기 위해서는 어른이 앞서 생각하지 않으면 안 된다. 그래야 어른이 침착하고 목표지향적이고 사려 깊은 몸짓을 보이게 된다. 그래야 이것저것을 기억하지 못해서 물건을 가져오느라 이리저리 뛰는 일이 없다. 또한 앞서 생각하면, 아이에게 나타나는 의지의 나쁜 징후를 고치는 데 도움이 된다. 예를 들어, 아이가 문을 함부로 닫을 때 어른은 "그러면 안 돼!"라고 말해서는 안 된다. 그보다는 의식적으로 그 상황에 아이와 함께하는 태도를 일관성 있게 보이는 것이 바람직하다. 아이가 문에 가까이 가면, 우리가 마음속으로 아이의 움직임을 따라가는 것이다.

또한 어른은 아이가 집에 오기 전에 자신의 일에 집중해야 한다. 아침에 아이가 잠에서 깨어 둘러보면, 엄마는 이미 바쁘다. 아이의 의지는 어른으로 인해 온통 분주하게 움직이는 분위기 안에 자리잡는다. 아이들은 자유로이 자신의 일을 선택할 수 있다. 아이들은 언제든 어른들의 일에 끼어들 수 있는 것이다.

아이의 놀이를 위해 필요한 또 하나의 전제 조건은 어른이 일에서 하루하루의 리듬만이 아니라 한 해의 리듬까지 살피는 것이다. 너무 규칙에 얽매일 필요는 없지만, 특정한 일을 특정한 시간에 하는 정도로 지킬 수는 있을 것이다. 예를 들어 나는 주로 가을에 크리스마스 바자회를 위한 물건을 만든다. 크리스마스가 지나면 수를 놓는 시기가 오고, 부활절 뒤에는 목공 작업을 한다. 나는 이런 일을 몇 주간에 걸쳐 거의 매일 이어간다. 날마다 다른 일을 하지 않는 것이다. 유일한 예외는 습식 수채화를 그리는 날이다.

날마다 자유놀이 시간이 되면 나는 내 일을 한다. 나는 아이들이 할 "프로젝트"를 제시하지는 않지만, 아이들이 사용할 재료(대부분은 내가 하는 작업에서 나오는 자투리들)를 넉넉히 마련하기를 잊지 않는다. 천이나 종이를 자르고 남은 것, 목각이나 톱질 작업에서 나오는 것은 모두 아이들이 쓰는 바구니에 담는다. 어떤 아이들은 내가 한 것을 따라하려 하고, 다른 아이들은 자기들만의 아이디어를 낸다. 예를 들어, 아이들에게 주려고 색을 칠해서 기름 먹인 종이로 등을 만들거나 크리스마스에 쓸 슬라이드를 만드는 11월에는 적어도 두 주 동안 날마다(그림 그리는 날 말고는) 큰 테이블에 가위, 풀, 색종이가 든 바구니를 올려두고 작업한다. 금박종이 조각도 언제나 들고 있다. 몇몇 아이들은 작은 등과 슬라이드를 만들고, 다른 아이들은 광대나 인형을 위한 작은 장난감을 만들어 모두들 집으로 가져간다.

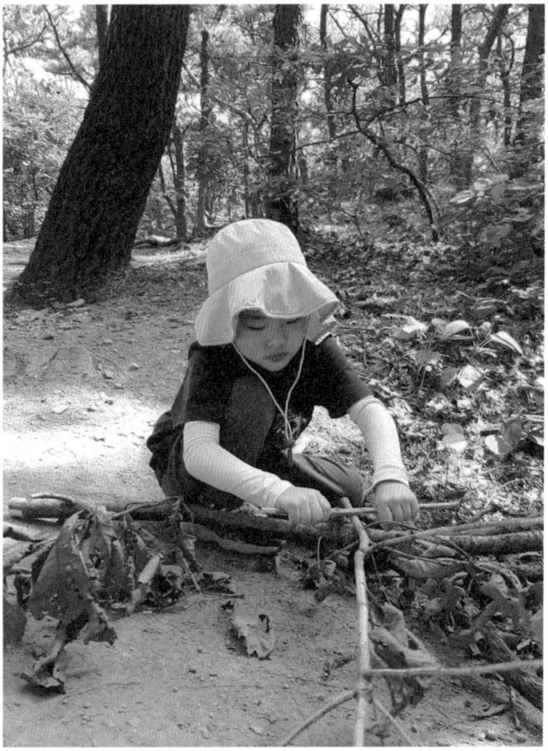

몇몇 아이들은 여러 날 "종이 붙이는 테이블"에 와서 작업하지만, 다른 아이들은 그 시기에 전혀 다가오지 않기도 한다. 그러다 연말이 가까워지면서 내가 현장에서 사용하는 앞치마를 만들거나 테이블 커버에 수를 놓을 때가 다시 다가온다. 그런 때는 아이들 바구니에 색색의 예쁜 바느질 실을 담아 주기 때문이다. 천을 자르고 남은 것도 아이들이 마음껏 쓰도록 바구니에 넣는다.

작은 그릇, 숟가락, 촛대 등을 만들 때 생기는 작은 조각들로 아이들은 집을 짓거나 그 조각들에 밀랍을 바른다. 목각용 칼은 당연히 아이들 손에 들어가지 않게 하지만, 때때로 아이들은 뾰족한 나무 조각을 쥐고 마당에 있는 썩은 나무를 "깎는다."

이렇게 어른의 작업은 언제나 현장의 일상을 목표지향적이고 유용한 것으로 만든다. 아이들은 다양한 방법으로 어른의 일에 참여하거나 일하는 교사 주변에서 놀이를 한다. 아이들은 언제나 어른의 일을 의식하고 있으며, 어른의 일에 따스하고 애정 어린 관심을 보인다.

이렇게 어른이 일을 할 때는 내내 질서, 리듬, 바람직한 습관이 동반되어야 한다. 이런 것들은 모두 모방의 대상이 되며, 따라서 이런 "바람직한 물리적 환경"에서 아이는 질서와 능력을 자기 의지의 힘 안으로 받아들일 수 있다. 모방은 의지가 하는 일인 것이다! 아이에게 모방을 가르치는 건 불가능하다. 모방은 오로지 자신의 의지가 하는 행위이기 때문이다. 의지가 하는 행위는 개별적이며 아이의 자아와 하나로 결합되어 있다.

이 점은 아이가 모방할 때 보이는 다양한 방식에서 드러난다. 현장에서 모든 아이에게 동일한 모방 대상을 제시해도, 이에 대한 반응은 아이들마다 아주 다르다. 어떤 아이들은 그걸 보고 즉시 놀이를 시작하거나 그 곁에 놀면서 제시되는 활동의 분위기를 흡수하지만, 또 어떤 아이들은 그런 자극을 전혀 받아들이지 않는다. 모방에는 자유로운 선택의 여지가 크다. 우리 자신이 모방의 대상이 되어 무엇인가를 하려 할 때는 앞에서 서술한 전제 조건에 따라야 한다. 그러면 모든 아이가 자신에게 필요하고 또 무의식적으로 추구하고 있는 의지의 발달을 이룰 수 있게 된다.

아이들의 놀이를 인도할 때는 언제나 분화된 발달 단계를 고려해야 한다. 유아기의 마지막 시기인 5~7세에 대해 조금 더 이야기해 보자. 5세부터는 "하기를 원하는 것"에서 "해야 할 것"으로 바뀌는 일이 생긴다. 그렇다고 해서 우리가 생각나는 대로 아이에게 지시하거나 명령하게 된다는 것은 아니다. 그보다는 이전 시기에 형성된 어른과의 강한 연결을 바탕으로 아이는 이제 "해야 할 것"을 하기를 원한다. 그런데 이 시기에는 아이에게 더 많은 말로 아이 내면의 이미지들에 말을 걸고, 또 무엇을 할 수 있고 어떻게 해야 할지를 이야기해 주게 되지만, 여전히 가장 중요한 것은 모방이다!

지금까지 아이들은 현장에서 일과를 진행하고 주변을 정리하고 축제를 준비하는 데 필요한 일을 어른이 해 왔다는 것을 무의식적으로 느끼고 있었다. 어른은 하고 싶은 일만 하는 것이 아니라 해야 하는 일도 한다는 사실을 눈치채고 있던 것이다. 5세부터 아이들은 일에 관한 어른의 이런 태도를 모방한다. 어떻게 그렇게 되는 것일까? 예를 들어 어른이 오랜 시간 일하는 모습을 지켜본다. 어른이 축제나 크리스마스 바자회를 준비하느라 오랫동안 여러 가지 일을 하는 모습도 보고, 목공이나 자수 같은 한 가지 일에 오래 매달리는 모습도 본다. 어른이 얼마나 꾸준히, 얼마나 조심스러운 태도로 일에 매달리는지도 본다. 어른의 일이 여러 날 진행되는 동안 달라지는 과정에도 관심을 가진다. 어른 자신에게 그다지 편치 않을

일을 하면서도 그런 불편함을 이겨내는 모습도 본다. 예를 들어, 골무를 끼고 하는 바느질은 편치 않지만, 어른은 언제나 골무를 사용한다.

해야 할 일이 무엇인지, 어떻게 하면 되는지를 아이들에게 가르치는 데 도움이 되는 또 다른 방법은 그런 일을 하는 특정한 인물에 대해 이야기해 주는 것이다. 그런 직업을 가진 사람이 어떤 자세로 일하는지, 상황에 따라 어떻게 대응하는지 말해 준다. 5~7세 시기에는 이런 이야기의 대상이 되는 인물이 눈 앞에 있을 필요는 없다. 이야기를 들으면서 아이들이 내적으로 그런 모습을 그림으로 떠올릴 수 있기 때문이다. 예를 들어, 내가 자수를 배운 전문가, 늘 골무를 끼고 일하는 어느 재봉사, 또는 어느 모임에서 알게 된 루트비히라는 일꾼(이 장 말미의 "일꾼 루트비히 이야기" 참조) 이야기도 가능하다.

초등학교에 들어가기 전 마지막 반년 동안에는 가장 큰 아이들에게 특정한 일을 맡겨도 된다. 그렇게 일을 맡기면, 아이들에게는 특정한 목표를 달성하기 위해 애쓰는 과정을 통해 자기 의지의 힘을 강화할 기회가 생긴다. 나는 언제나 이 시기의 아이들에게 매듭 짓는 방법으로 아주 단순한 인형을 만들 기회를 준다. 루돌프 슈타이너는 이렇게 낡은 천에 잉크로 점을 찍어 눈을 그린 "어릿광대"가 아이 안에 있는 창의력을 일깨우게 된다고 말한다.

크리스마스가 지나면 우리는 인형 담요에 자수를 한다. 그런 다음 손으로 양모를 부풀려 머리를 만들고 분홍색 플란넬 천을 사용해서 손을 만든다. 아이들은 제각기 색연필로 점을 그려 인형 눈을 표시한다. 그러고는 머리털과 옷을 기워 붙인다. 해가 바뀔 무렵까지 엄청나게 많은 것을 만드는 아이들도 있다. 하지만 어떤 아이들의 결과물은 하나에 그친다! 그렇게 만들어진 인형은 즉시 아이들의 놀이에 한 자리를 차지한다. 여기서 남아와 여아 사이의 차이가 나타나기도 한다. 여아들은 인형에게 먹을 것을 주는 등 아주 다양한 방법으로 놀고 옷도 많이 만들어 입힌다. 남아들은 직접 만든 장난감 차에 인형을 태워 다니거나 구급차에 환자로 태운다. 주말에는 인형을 집에 가져가 돌보기도 한다.

6세 전후에는 아이들이 어른의 지시에 따라 행동하게 된다. 무엇을 하라고 하면 즐겁게 해낸다. 예를 들어, 이 시기의 아이들은 다른 그룹으로 심부름을 가기도 하고, 빗자루와 쓰레받기를 가져다 주기도 한다. 그리고 씻은 접시를 닦아 달라는 부탁도 들어준다. 아이에게 물어본 뒤에 도와달라고 하지는 말아야 한다. 아이마다 무엇을 할 수 있고 무엇을 좋아하는지 파악해야 한다. 심지어 아이가 할 필요가 있는 일이 무엇인지 알아내야 할 때도 있다! 아이가 어른의 요구를 거부하는 경우도 있겠지만, 그럴 때는 다른 아이가 와서, "내가 할까요?" 하고 물을 것이다.

이 시기에 아이들은 우리가 하는 지시의 내용을 이해한다. 아이들은 우리가 하는 말이 만들어 내는 내적 이미지를 행동으로 바꾼다. 그전에는 우리가 아이들이 하지 말아야 할 것은 하지 않도록 막아야 했다. 그런데 이제는 "던지면 안 돼!" "그건 좋지 않아." 하고 확실한 한계를 정해 주고 분명하게 지시할 필요가 있다. 이런 말은 아이가 여전히 어른의 애정을 느낄 수 있도록, 아이와 사랑을 주고받는 어른의 확고한 권위를 느낄 수 있도록 전달해야 한다.

지금까지 내가 서술한 모든 것은 루돌프 슈타이너가 1923년 4월19일 스위스 도르나흐에서 행한 연속강좌 《아동 의식의 변화와 발도르프 교육》에서 한 다음과 같은 말을 염두에 둔 것이다.

> " … 이갈이 전까지 아이는 의지의 영역 안에서 사는데, 이는 ... 아이가 자기 주변을 모방한다는 사실과 밀접히 연결되어 있습니다. 그러나 이 시기에 아이의 물질적인 몸 안으로 들어가는 것에는 도덕적이고 정신적인 힘들도 포함되어 있고, 결국 이것들은 아이를 구성하는 유기체 안에 확고하게 자리잡게 됩니다."[10)]

이것은 좋은 습관, 일관성 있는 태도, 모범이 되는 어른이 제시하는 한계 등이 아이의 의지를 발달시키고 강하게 한다는 이야기이다.

초등학교에 입학한 다음부터 아이의 의지는 점점 더 의식적으로 연마되어야 한다. 이제 당분간 아이는 교사의 지시에 따라 꽃에 물을 주고,

---

10) Rudolf Steiner, *Die pädagogische Praxis vom Gesichtspunkte geisteswissenschaftlicher Menschenerkenntnis*, GA 306, 제5강.

창틀의 먼지를 닦고, 일주일 동안 칠판을 닦아야 한다. 원하든 아니든 아이는 날마다 할 일을 기억해서 실행에 옮겨야 한다. 자기 자신을 이겨내야 하는 것이다. 유치원에 다니는 아이에게 과제를 반복적으로 하라고 시키는 것은 시기상조다. 이 시기에 우리는 가장 예민한 감각을 동원해서 아이가 모방을 통한 학습에서 벗어나 애정 어린 권위를 바탕으로 이루어지는 학습으로 옮겨가도록 인도해야 한다. 이 얼마나 위대한 작업인가!

이 글의 내용으로 독자 여러분이 본보기가 아이의 모방과 의지의 발달에 얼마나 중요한지를 더욱 깊이 이해하게 되기를 기쁜 마음으로 기대한다.

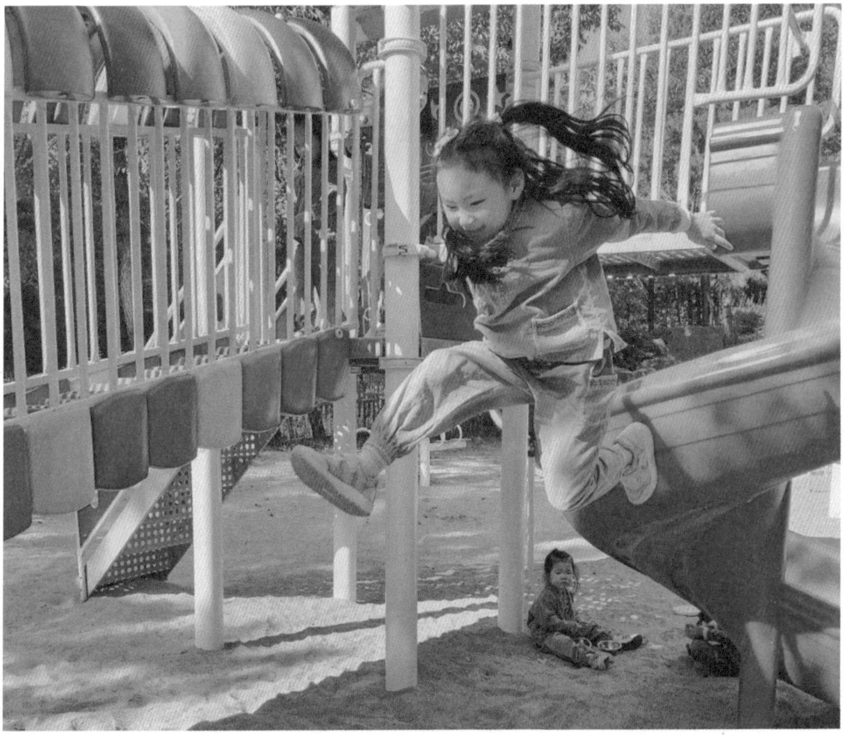

일꾼 루트비히Ludwig 이야기

루트비히는 어느 노부인의 집에서 정말 충실하게 일하는 일꾼이었다. 아침식사를 하는 자리에 어떤 음식이 부족하면, 루트비히가 그 음식을 가져다 주었다는 이야기이다.

나는 유치원에서 아이들에게 루트비히 이야기를 했다. 그런 다음 6세 남아에게 쟁반의 컵을 모든 친구들의 자리에 나눠주라고 일렀다. 아이는 컵을 전부 살펴보고는 가운데 있는 컵 하나를 골라 자기 자리에 두면서 아주 만족스러운 얼굴을 했다. 마실 것이 가장 많이 든 컵을 골랐다고 생각해서였다. 그런 다음 우연히 나와 눈이 마주쳤을 때, 내가 말했다. "루트비히라면 그렇게 안 했을 거야. 걔는 늘 다른 사람들부터 챙기고 나서 자기 건 마지막에 가졌거든." "정말요?" 하고 아이가 물었다. "그럼" 하고 내가 대답하자, 아이는 자기 자리에 놓인 컵을 집어 다른 아이 자리로 가져갔다. 그리고 모든 아이에게 컵을 나눠준 다음에 자기도 하나를 차지했다.

프레야 야프케

4. 언제 유치원에 보낼 수 있을까?

오늘날 가정에 필요한 것은 급격하게 변하고 있다. 그러나 어린아이에게 필요한 것은 그렇지 않다. 《아이에게 필요한 최소한의 것들》의 저자 브래즐턴Brazelton과 그린스팬Greenspan에 따르면, 아이에게 가장 필요한 것은 지속적인 양육 관계라고 한다. 과거에 어린아이가 지속적으로 필요로 했던 것은 건강한 가정에서 이루어지는 교육이었다. 이런 가정 교육에는 감각에 관련된 폭넓은 교육, 지속적인 보살핌, 집 안의 "생활 예술" 영역들에 대한 경험, 영양 공급, 창의적인 경험, 사회적 기술의 발달 등이 포함된다.

그런데 이와 함께 부모들이 감당해야 하는 요구와 스트레스는 나날이 커져만 가고, 아이를 위한 이런 종류의 보살핌을 장려하는 지원 시스템은 점점 사라지는 상황이다. 이 책의 후기에서 신시아 올딩어는 "라이프웨이즈LifeWays"의 시도를 소개하고 있다. 라이프웨이즈는 아이들에게 언제나 필요한 것을 제공하는 새로운 길을 열어 나가고 있는데, 지속적으로 아이를 돌보는 사람들이 앞에서 언급한 모든 영역을 위한 토대를 제공하는 일종의 "가정 스위트룸"을 만들어야 한다는 것이다. 라이프웨이즈는 아이들의 요구뿐 아니라 그 아이들을 돌보는 사람들의 요구에도 호응하여 부모를 위한 교육, 돌보는 사람들을 위한 훈련을 제공한다.

현재는 발도르프 유아교육 운동에서 흥미진진한 시기라고 할 수 있다. 교육자들은 불가피하게 이렇게 질문하게 된다. “아이가 정규 유아교육 기관에 들어가는 데 적절한 시기는 언제일까?” 이에 대해서는 갖가지 대답이 있다. 일부 발도르프 유치원은 3세 아이들을 혼합연령 그룹에 받아들인다. 그리고 일부 유치원에는 3세와 4세 미만 아이들을 위한 영아반이 있다. 많은 현장이 보호자 동반 그룹을 설치해서 경력 교사의 지도 아래 보호자와 아이가 함께 있을 수 있도록 한다. 소규모 그룹을 위한 발도르프 기반의 가정 보육 프로그램을 제공하는 경우도 점점 늘어나고 있다. 일부 유아교육 기관들은 이런 가정 보육 프로그램 참

여자들을 위한 훈련과 지원을 제공하기도 한다. 그리고 가정 보육 프로그램을 주도하는 사람들이 라이프웨이즈 훈련에 참여하기도 한다. 이 질문은 앞으로도 계속 제기될 것이며, 언젠가는 정말 생동적인 대답이 나올 것이다.

사회 구조가 변함에 따라 교육 시스템의 구조는 바뀔 수 있지만, 어린아이에게 필요한 것은 바뀌지 않는다. 이 장에서 우리는 정규 유치원에 들어갈 준비가 되었음을 보여주는 몇 가지 "표식"을 알게 될 것이다. 정규 유치원은 그룹별 인원이 더 많고, 아이가 더 강한 지구력과 주의력이 있어야 하며, 독립성과 좀 더 성숙한 사회적 발달 상태를 요구한다.

샤리파 오펜하이머

북미의 모든 지역에서 활동하는 유아교사들과 이야기를 나눈 결과, 모두들 아이들이 몇 살이 되어야 영아반이나 유아반에 들어올 수 있는지를 묻는 질문과 씨름을 하고 있다는 사실이 드러났다. 이 문제를 해결하기 위해 어떤 유치원은 3세 아이들을 위한 영아반을 따로 만들어 4~5세 아이들과 별도로 지내도록 하고 있으며, 또 어떤 기관은 3세 아이들도 혼합연령 그룹에 받아들이고 있다.

《아이의 건강을 위한 지침서》[11](《A Guide to Child Health》, Floris Books)에서 소아과 의사 미하엘라 글뢰클러Michaella Glöckler와 볼프강 괴벨Wolfgang Göbel은 어린아이 발달의 다양한 측면뿐 아니라 아동기의 여러 가지 질병에 대해서도 다룬다. 여기서는 아이가 유치원에 들어갈 수 있을 만큼 "성숙"해지는 시기에 대한 두 저자의 견해를 요약한다.

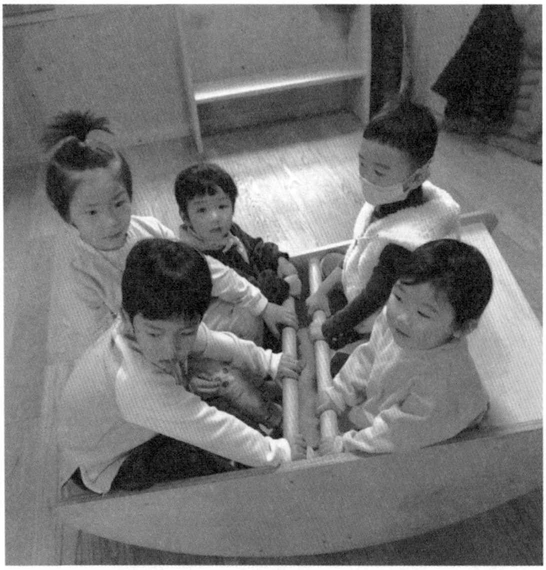

한 가지 지표는 아이가 가정과 엄마에게서 그야말로 몇 걸음 떨어질 준비가 되어 있느냐는 것이다. 아이가 혼자서 친구 집에 머물고 싶어한다면, 그 아이는 유아교육 기관에 갈 준비가 되어 있다. 아이가 여전히 엄마의 앞치마 끈을 붙잡고 놓지 않는다면, 독립의 시기는 아직 오지 않았다. 아이가 3, 4세가 되었는데도 이런 상태라면, 엄

11) Michaella Glöckler, Wolfgang Göbel, *A Guide to Child Health*, Floris Books, 2007.

마의 태도가 아이로 하여금 이 중요한 독립성을 성취하지 못하도록 막고 있는 모습을 보이는 것일 수도 있다.

두 번째 지표는 아이가 어떤 이야기를 처음부터 끝까지 들을 수 있다는 사실에서 확인된다. 이런 상태는 아이가 단어에서 바로 무엇인가를 "시각화" 또는 "구상화"하는 능력이 있음을 보여준다. 이렇게 되면 아이는 그룹 안에서 지시와 안내를 따를 수 있다.

의사인 두 저자의 경험에 의하면, 이런 지표들은 세 살 반은 되어야 비로소 나타난다. 네 살이 되도록 나타나지 않으면, 소아과 의사와 이 문제를 상의하는 것이 도움이 된다고 한다.

몇 해 전 에이컨 힐에서 열린 마거릿 마이어코트Margaret Meyerkort의 강좌에서 우리는 유치원 입학을 위한 준비 상태에 관해 의견을 물은 적이 있다. 마이어코트는 야코비Jakobi, 글뢰클러, 괴벨의 의견을 상세히 언급한 뒤에 추가로 다음과 같은 몇 가지 지표를 덧붙였다.

1) 요즘 아이들은 2세에도 "나"라는 말을 종종 한다. 하지만 "나"를 정말로 경험하는 것은 그보다는 늦다. 아이들이 이전보다 일찍 사고 활동을 하게 되는 환경에서 지내는 까닭에 "나"라는 의식은 이렇게 이전보다 일찍 등장하는 것으로 보인다. 그렇다면 여기서 우리는 아이가 말로만 "나"라고 하는지, 아니면 정말 그런 의식을 가지고 있는지 분간할 필요가 있다. 그런 의식이 정말 있어야 아이가 주먹질이 아니라 말로 다른 아이들과 소통할 능력이 있기 때문이다.
2) 아이가 부모에게서 어느 정도 독립한 상태여서 어느 정도는 혼자 옷을 입고 벗을 수 있어야 한다. 용변을 가릴 정도가 되고, 젖을 뗀

상태여야 한다.

3) 생리적으로나 심리적으로 다음과 같은 정도의 지구력을 가진 상태여야 한다.
   - 낮잠을 자지 않고 네 시간 정도 깨어 있다.
   - 유치원에서 아주 쉽게 감기에 걸리지 않는다.
   - 유아기 질병을 이겨내기에 충분히 발달한 상태이고, 고열을 동반한 경기를 일으키지 않는다.
   - 자아를 탐색하는 단계에 나타나는 "말 안 듣는 두 살"[12]의 고집스러운 시기를 지났다.
   - 자아가 등장한 덕분에 처음으로 시간 감각이 생겼다.
   - 돌멩이나 물웅덩이처럼 사소한 것들에 매번 주의를 빼앗기지 않고 산책할 수 있다.

4) 2.5세나 3세가 될 때까지 아이는 혼자 논다. 그러다 그 나이에 도달하면 다른 아이들과 어울려 놀면서 다른 아이들의 행동을 모방하기 시작한다.

5) 처음으로 위험을 감지할 능력이 생겨 찻길로 뛰어들거나 연못에 들어가지 않는다. 그리고 울음을 터뜨리지 않고도 자신을 방어할 수 있다. 이런 모습을 보이는 아이는 자아가 있어서 위험을 피하고 물리칠 수 있다.

이 모든 지표는 발달의 원형, 즉 2세 무렵에 말하기가 가능해지고, 3세 무렵에는 진정한 의미로 "나"라고 말하게 되면서 사고 능력이 생긴다는 전형적인 발달 패턴을 따르는 아이의 모습을 말한다. 3세 이전에는 말

---

12) 만 나이로 두 살.

안 듣는 두 살이라는 까다로운 시기가 있는데, 이때 아이는 "싫어!"라는 말로 주변 세계와 거리를 둔다. "나"라는 의식이 아이 안에 자리를 잡은 뒤에라야 비로소 아이가 유치원이라는 더 넓은 세계로 나갈 준비가 되는 것으로 짐작된다.

우리는 아이가 그리는 그림에서도 아이의 발달 상태를 짐작할 수 있다. 《유아 그림의 수수께끼》에서 저자 미하엘라 슈트라우스Michaella Strauss는 3세 이전의 아이들이 그리는 여러 겹의 원 운동 그림을 보여준다. 이 여러 겹의 원 운동 그림이 안과 밖이 확실히 구분된 하나의 동그라미로 발전하는 것은 3세 무렵이다(그림 A).

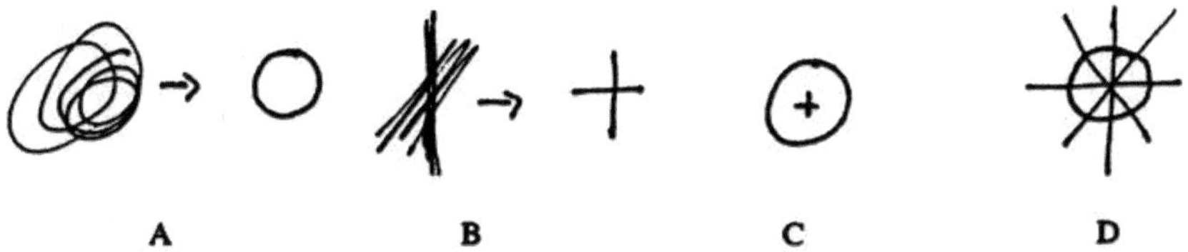

저자는 이 과정을 다음과 같이 설명한다.

"아이는 동그라미 형태를 그리고는 그 원의 '문을 닫는' 작업, 즉 원을 이루는 선의 양쪽 끝을 '연결하여 닫는' 작업을 조심스럽게 완성한다. … 조그마한 여자아이가 책상에 앉아 완전히 몰두해서 몇 장이고 반복해서 동그라미를 그려낸다. 오늘은 아이의 세 번째 생일이다. '넌 이름이 뭐니?'라는 어른들의 물음에, 아이는 '나? 내 이름은 나야!' 하고 단호하게 대답한다. 이렇게 아이에게서 반짝하고 떠오르는 '나 의식'은 아이의 그림에서 원 모양으로 기록된다."[13]

또한 저자는 1, 2세 아이들이 크레용을 들고 하는 직선 운동 그림도 여럿 보여준다. 3세가 되면, 이 직선 운동 그림은 교차선 그림으로 진화한다(그림 B). 저자는 다비트David라는 남자아이의 사례를 소개한다.

"갓 세 돌이 지난 다비트는 자기가 좋아하는 연필을 집어 들고 매우 섬세한 선으로 뭔가 복잡한 그림을 그렸다. 그런데 그 나이에 흔히 그리는 십자 그림과는 다른 그림을 그렸다. 다비트의 부모는 다비트와 남동생을 데리고 아이 다섯을 키우는 지인의 집으로 여행을 갔다. 그 집 아이들은 모두 다비트보다 나이가 많았다. 자기 집에서는 '큰형' 노릇만 하던 다비트는 처음 하는 '동생' 이라는 역할이 낯설었다. 그래서 아이는 생병이 나서 병 뒤로 숨었다. 갑자기 온몸에 열이 났고, 그 핑계로 어리광을 부렸다. 아이는 사흘 만에 열이 내리고 말짱히 나았다. 이 낯선 상황이 아무렇지도 않다는 것을 과시라도 하듯, 아이는 처음으로 심이 굵은 연필을 집어 들고는 위에서 아래로 커다란 십자를 그려 여러 장을 채웠다."[14]

3세부터는 원과 교차선 그림이 하나로 합쳐지기 시작하여 다양한 모습으로 이어지는데, 이런 시기는 5세까지 계속된다. 아이는 원 한가운데에 점을 찍거나 교차선을 그려 발달의 새로운 단계를 보여준다(그림 C).

---

13) Rudolf Steiner, *Von der Zeichensprache des kleinen Kindes - Spuren der Menschenwerdung*, Verlag Freies Geistesleben, 2007. 한국어판: 《유아 그림의 수수께끼 - 성장의 발자국 읽기》, 여상훈 역, 한국인지학출판사, 2019, p.31.

14) ibid., p. 36.

"이 그림은 아이가 내면과 외면에 관한 자신의 관계를 표현한 것으로, 아이는 자기 자신을 표시하기 위해 한가운데에 점이나 십자 모양을 그린다. 이 두 가지 요소로 아이는 처음으로 '나'와 주변 세상에 대한 체험을 그림으로 표현한다. 결국 동그라미 안에 있는 점과 교차 모양은 '나의 형태'인 셈이다."[15]

미하엘라 슈트라우스는 유치원에 들어가기 위한 마지막 발달 단계를 보여주는 그림도 제시한다.

"4세가 되는 해에는 새로운 방향 설정이 이루어진다. 이전에는 점과 교차선 모양이 '나'의 표식으로 만들어졌지만, 이제는 그 둘 사이의 연관 관계가 점점 사라지기 시작한다. 움직임의 흔적은 내부에서 외부로 향한다. 그 흔적은 먼저 한가운데의 점에서 방사형의 선으로 발산되어 원의 경계 부분에 머물다가 결국은 원의 경계면이 열리면서 바깥으로 나간다. 원을 뚫고 나간 더듬이 같은 선들은 주변으로 뻗어나간다."[16]

15) ibid., p. 38.
16) ibid., p. 41.

야코비, 글뢰클러, 괴벨을 비롯해서 마거릿 마이어코트와 미하엘라 슈트라우스의 견해는 모두 3.5세에서 4세 사이의 아이는 내적으로 아직 유치원의 영아반이나 혼합연령 그룹에 들어갈 준비가 되어 있지 않다는 점을 지적하고 있는 것처럼 보인다. 그렇다면 이제 우리에게 이런 질문이 남는다. 발도르프 유치원을 포함해서 미국 교육계에서는 왜 3세 초반에, 심지어 그보다 어린 두 살 반에 유치원에 들어가도록 바뀌는 것일까? 이 상황은 아마도 미국에서 5세 또는 그 이전의 아이들에게 지적 교육을 시키게 된 것과 비교해 볼 수 있을 것이다. 어느 측면으로 보면 아이는 준비가 된 상태이다. 5세 아이가 읽고 쓰고 셈하는 법을 묻는 경우도 있다. 이런 모습을 보고 부모나 교육자는 한층 복잡한 지도를 통해 지적 교육으로 들어갈 준비가 되었다고 착각하기 쉽다. 하지만 내 경험에 의하면, 대부분의 5세 아이들은 단지 "많이 컸다"는 느낌을 얻기에 좋을 만큼의 단어 몇 개만 읽고 쓰는 법을 배우는 것으로 만족한다. 유치원에서 이렇게 한두 구절을 배우고 나면, 아이들은 부모에게 자랑할 거리가 생긴다. 한 마디로, 조금 배워 크게 써먹는 것이다.

두 살이 된 아이가 깜찍하게 "나"라고 말하는 것도 마찬가지일 것이다. 부모와 교육자들은 쉽사리 이것을 진정한 자아 체험이라고 착각하고는 아이에게 맞지 않는 교육 경험을 주기 시작한다. 3세가 되어 "나"가 더욱 강하게 자리잡았다고 해도, 앞에서 언급한 지표들을 기준으로 해서 아이들이 바깥세상으로 발을 내디딜 내적인 준비가 끝나는 데는 아직 반년에서 일년이 더 지나야 한다.

그렇다면 3세나 4세 이전의 아이에게는 무엇이 가능할까? 이 시기에는 많은 아이가 집에서 엄마와 함께 지내면서 매주 한두 번 다른 집을 방문하거나 손님을 맞는다. 이런 경험을 하면서 아이는 또래들과 사회적인 경험을 하는 동시에 약간의 부담도 겪는다. 물론 직장을 다니는 엄마, 낮시간에 어린 자녀와 오래 함께 지내는 것을 힘들어하는 엄마도 있고, 아이가 무엇보다 사회적인 접촉을 목말라 한다고 느끼는 엄마도 있다. 이를 위해 발도르프 교육을 기반으로 시도되는 대안들이 있다. 3~4명에서 6~8명 정도 규모로 만들어지는 오전반 가정 놀이 그룹이나 주간 돌봄 센터가 그렇다. 아이들이 어울려 노는 동안 같은 장소에서 엄마들이 인형을 만들거나 노래와 시와 이야기를 배우는 놀이 그룹들이 있다는 이야기도 들린다. 그런 프로그램은 엄마들이 어린 자녀를 돌보면서 생기는 기본적인 문제를 해결하는 데도 큰 도움을 줄 수 있을 것이다.

북미 지역에서 활동하는 발도르프 교육자인 우리가 유치원에 적합한 아이들의 발달 상황 문제를 숙고하기 시작한 것은 얼마되지 않았다. 그리고 우리는 3세가 안 된 자녀를 둔 엄마들 가운데 점점 더 많은 수가 일자리로 돌아가기 위해 아이들을 보살필 기관을 찾고 있다는 절실한 상황도 인식하고 있다.

존 앨먼

북미발도르프 영유아교육 연대

발도르프 유아교육의 새로운 시도 – 영아 돌봄을 향하여

이 맺는말은 북미에서 발도르프/슈타이너 영유아 교육운동이 초기의 유아 교육운동으로 시작하여 부모 동반 프로그램, 전일 프로그램, 아이 돌봄 등으로 확장되어온 과정을 개관한다. 그리고 발도르프/슈타이너 영유아 교육운동을 근간으로 발달한 돌봄 프로그램 사례인 "북미 라이프웨이즈"의 활동을 소개한다.

루돌프 슈타이너는 아이에게 올바르게 호흡하는 법을 가르치는 것이 교육의 핵심적인 측면이라고 확신했다. 유아기에는 "어른의 삶을 보고 아이가 호흡하는 법을 배우게 되어야 한다"는 말일 것이다.

나는 1950년대에 어린 시절을 보냈다. 당시 엄마가 파트타임 일을 할 때면, 나는 언제나 조부모 곁에 있었다. 엄마가 일을 하지 않으면 일주일 내내라도 종일 집에서 엄마와 함께 보냈다. 가끔 엄마가 이웃집에 가서 커피를 마시고 이야기를 나눌 때면, 나도 함께 가서 그 집 아이들과 놀았다. 할머니 집에 가거나 집에 있거나 간에 어른들이 집안일을 하느라 바쁘면, 나는 혼자 놀거나 이웃 아이들과 놀았다. 엄마가 이웃 아이들을 모아 놓고 함께 노래를 하도록 시키거나 이야기를 들려줄 때도 있었다. 당시에는 "가정 영아어린이집"이란 말이 없던 시절이었다. 그건 마치 숨쉬기처럼 자연스런 생활의 일부였다.

그로부터 30년이 지난 뒤, 나는 발도르프 혼합연령 유치원에서 일하고 있었는데, 이어지는 활동을 구상하고 활기찬 놀이와 조용한 동화 시간을 준비하는 일이 즐거웠다. 아이들이 그룹에서 놀거나 친구와 함께 있는 시간, 청소하고 돌보는 시간, 빵을 굽고 먹는 시간, 유익하고 아름다운 것들을 만드는 시간, 모래놀이를 하는 시간 등을 마련하면서 즐거움을 느꼈다. 하루, 일주일, 한 계절의 리듬이 마치 숨을 들이쉬고 내쉬는 것처럼 자연스러웠다.

예나 지금이나 발도르프 유치원은 유아기를 소중히 다루는 장소다. 내가 경험한 발도르프 유치원은 그 이상이었다. 그것은 아이를 위한 안식처였다. 나는 발도르프 유치원 설립에 참여한 교사였고, 그래서 늘 우리

기관의 학부모와 아이들에 관한 일에 더하여 처리할 일들이 더 있었다. 교사회의, 교육전문가 미팅, 이사회, 축제실행위원회, 장기계획회의 등이 그랬다. 현장에서 아이들과 있다가 그런 외부 일을 할 때면 넓은 세상으로 나가 모험을 한다는 생각이 들었다. 그러다가 다시 우리 유치원으로 돌아오면 흡사 "고향"에 온 기분이었다. 가끔 초등학교에서 일하는 동료들이 짬을 내어 오후에 우리를 방문했다. 실내에는 손님을 위해 마련해 둔 소파가 있었다.

유치원은 교실이 아니었다. 그곳은 아이들이 노는 정원이었다. 세월이 흐르면서 우리의 규칙적인 일과와 의례, 밀물과 썰물처럼 이어지는 변화의 리듬, 기쁜 일과 슬픈 일, 우리의 일과 아이들의 놀이가 유치원 전체에 스며들었고, 실내는 말없는 교육자처럼 바뀌었다. 그리고 벽은 모든 것을 알면서도 필요하다면 나쁜 짓도 눈감아 주는 자애로운 할머니처럼 우리를 감쌌다. 정리정돈 시간이 끝나기 직전에 실내를 벗어날 때면, 물건을 치우는 마지막 정리 작업을 마친 아이들이 문을 막아서면서 순진하게 기뻐한다는 것을 알고는 마음이 즐거웠던 기억도 있다. 아이들이 문을 열어줘서 다시 실내로 들어갈 때면, 나는 교사가 아니라 마을 지킴이가 되어 아이들의 웃음소리에 묻힌 채 썰물처럼 치워진 놀라운 모습을 보곤 했다. 우리 모두는 우리만의 작은 공동체였다. 신출내기 교사일 때에도 나 자신이 오전에 이웃 아이들을 모아 몇 시간씩 놀아주는 따스한 할머니나 숙모 같다는 느낌을 받았다. 그런 오전이 지나면 아이들은 부모나 보호자들과 함께 집으로 돌아가거나 친구 집으로 갔다.

여러 해가 지나면서 사정이 달라지기 시작했다. 아기 때부터 일반 교육기관의 영아반을 다닌 아이들이 우리 발도르프 유치원에 들어오기 시작한 것이다. 그 가운데 많은 아이가 자발적인 상상놀이를 할 줄 몰랐다. 영아반은 아니지만 아기 때부터 다중 발달 프로그램을 경험한 아이들도 들어왔다. 그리고 많은 아이가 오전만이 아니라 오후에도 우리 유치원에 있어야 했다. 발도르프/슈타이너 교육기관의 비용을 대기 위해 맞벌이를 해야 하는 가정에서는 이런 확장 프로그램을 요구했다. 어떤 부모들은 자기 아이가 집보다는 친구들과 기관에 더 오래 있는 것이 발달에 유리하다고 생각했다. 유치원의 시간 연장을 원하는 이유는 갖가지였지만, 그런 요구는 강력했다. 또한 3세 이하의 자녀를 둔 가정에서는 "우리 애를 위해 어떤 발달 프로그램을 운영하고 있나요?" 하고 딱 잘라 묻는 경우가 많았다. 그런 부모들의 의도는 분명했다. 발도르프/슈타이너 교육이 첫 번째 선택지이긴 하지만, 이곳이 자기들에게 필요한 것을 채워 주지 못한다면 다른 곳으로 가겠다는 것이었다.

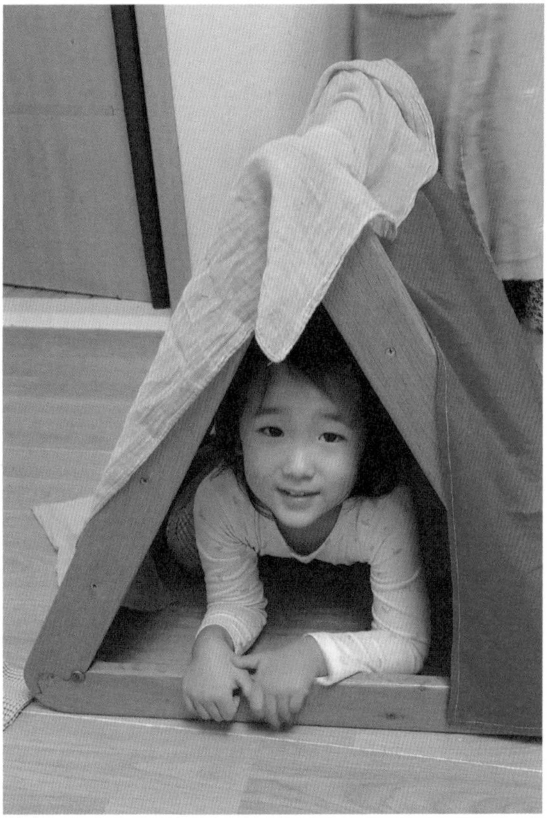

모든 부모는 늘 자기 아이들에게 "더 많은 것"을 채워 주는 곳을 찾는다. 하루에 머무는 시간이 더 길고, 다니는 기간이 더 길고, 집에 없는 시간이 더 길어야 한다. 각자가 외롭게 살아가는 이 시대에 부모들도 공동체를 원하고, 그래서 아이들과 함께할 방법을 묻는다.

이런 요구를 채워 주기 위해 발도르프 학교가 한 일은 무엇이었을까? 학교의 병설유치원은 시간을 연장했다. 더 길게 머물러야 하는 아이들을 위해 함께 점심을 먹고, 보호자가 데리러 올 때까지 놀이를 하고 간식을 먹는다. 일부 학교의 프로그램에는 점심식사가 포함되어 있어서, 그 뒤에 아이들이 오후 돌봄 시설로 가거나 집으로 간다. 아이를 위한 돌봄 프로그램은 초등학교가 마치는 시간인 오후 3시에 끝나는 것이 보통이다. 그보다 더 길게 머물러야 하는 아이들은 오후 5시나 6시에 끝나는 프로그램을 찾아가야 한다. 이것이 많은 유치원의 운영 패턴이 되고 있다. 또 어떤 유치원은 아이들이 이렇게 여러 곳을 전전하지 않도록 종일반 프로그램을 운영하기 시작했다.

어린아이들의 돌봄에 관한 부모들의 요구에 응하기 위해서 많은 현장이 3세 직전이나 4세 초반의 아이들을 위한 "영아 놀이방"이나 "프리스쿨" 프로그램을 제공하기 시작했다. 심지어 소수의 2세 아이들을 받아들이기 시작한 곳도 있다. 우리는 이를 "원더 가든"이라고 불렀는데, 나는 처음 프로그램을 맡은 로라 캐시디Laura Cassidy라는 교사의 지혜로운 통찰력을 아직도 기억한다. 로라는 이 작은 아이들에게 유치원의 아침 프로그램을 "찍어 누르듯" 강요해서는 안 된다는 것을 알아차렸다. 이 아이들과 하는 활동은 아주 천천히 진행해야 한다는 것, 그리고 이 아이들 주변에는 모델이 되어 줄 큰 아이들이 없다는 것에 주목했다. 로라는 신체적 돌봄, 옷을 입히고 벗기는 일, 용변 돕기 등이 이 어린아이들의 일상적인 경험에서 유익하고도 중요한 부분이므로 많은 시간을 들여야 한다는 사실도 인식했다.

학교의 병설유치원은 부모가 겪는 외로움의 물결을 막기 위한 프로그램과 더 어린 아이들을 받아들이는 프로그램도 제공하기 시작했다. 부모 동반 프로그램 또는 놀이 그룹은 보통 일주일에 한 번, 두세 시간 동안 진행된다. 일부 학교에서는 부모-영아, 부모-유아 동반 프로그램도 제공한다. 이런 프로그램이 확산되면서, 심지어 주중 내내 진행되는 경우도 생겼다. 이런 프로그램을 일종의 정규반에 진입하는 과정으로 여기는 유치원도 많지만, 많은 교사는 이것을 무엇보다 부모를 위한 지원 프로그램으로 본다. 그런 교사들은 나중에 부모가 아이를 그 학교에 보내게 되는 것과는 상관없이 가정의 건강한 발달을 지원하기를 원할 뿐이다. 실제로 많은 부모가 이런 부모 동반 프로그램에서 얻은 경험 때문에 아이를 그 병설유치원에 등록한다.

이렇게 아이들이 더 오랜 시간 현장에 머물도록 하거나 진입 연령을 점점 더 낮추는 이 확장 프로그램들이 발도르프/슈타이너 영유아 교육운동에서 온전히 환영을 받는 것은 아니다. 이런 변화를 크게 반기는 현장도 있지만, 걱정하는 곳도 있다. 정규 병설유치원 과정 말고는 더 어린 아이들을 위한 프로그램을 제공하지 않기로 결정한 학교들도 있다. 왜 이런 저항이 생길까?

루돌프 슈타이너 박사는 생후 첫 3년을 대단히 중요하게 여긴다. 그는 정신세계에서 막 우리에게로 온 이 작은 존재들에 대해 우리가 지대한 책임을 져야 한다는 사실을 반드시 이해하라고 요구한다.

"태어나서 첫 2년 반이 가장 중요합니다. 이 시기에 아이들은 자기 주변에서 벌어지는 모든 것을 본능적으로 인식하는 능력이 있습니다. 날마다 접촉하는 사람들에 대해서는 더욱 그렇습니다. 주변에서 일어나는 모든 것이 아이의 신체적 형태에 각인되고 … 따라서 우리의 행동은 그 아이들 일생의 건강과 질병 성향에 영향을 미칩니다."[17]

시인 윌리엄 워즈워스는 "송가: 불멸의 암시"라는 시에서 이렇게 쓴다. "영광스러운 구름을 길게 끌면서, 우리는 본향인 신에게서 온다." 발도르프 교육운동은 영유아기에 대해 매우 방어적인 태도를 취하며, 그래서 아이가 가정에서 사랑이 넘치는 가족의 돌봄을 받아야 한다는 이상적인 이미지를 놓지 않는다. 그러므로 3세가 안 된 아이들을 위한 프로그램을 제공하는 것은 부모가 아이를 동반하는 경우라고 해도 발도르프 교육계로서는 상당히 과감한 시도인 것이다.

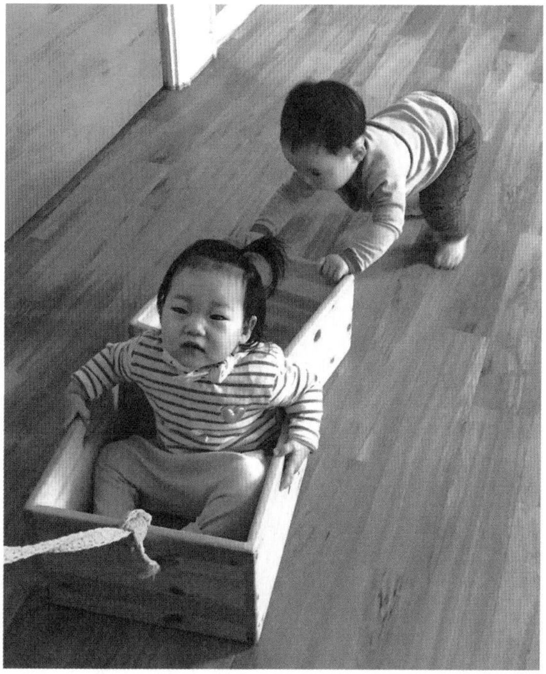

어쨌든 놀이 그룹의 유행은 일종의 문화적 표준이 되고 있다. 우리가 이런 가능성을 제공하지 않는다면, 부모들은 딴 곳에서 기회를 찾을 것이다. 많은 발도르프 학교 병설유치원이 새로운 가능성에 동의하기로 결정

17) Rudolf Steiner, *Understanding Young Children. - Extracts from Lectures by Rudolf Steiner*, International Association of Waldorf Kindergartens, 1975.

하는 이유는 다른 부모와의 공동체를 찾으면서 동시에 자녀 양육을 위한 지도를 구하는 가정을 지원하는 것이 현명하다는 판단 때문이다. 오늘날 부모-아이 동반 프로그램을 맡은 교사들은 생활 방식이나 양육 방법과는 상관없이 발도르프 유치원을 선택한 부모들을 만난 것을 다행으로 여긴다. 부모-아이 동반 프로그램의 모든 교사는 이것이 부모들로 하여금 가족의 삶을 바꾸는 선택을 하도록 돕는 프로그램이라고 추천한다.

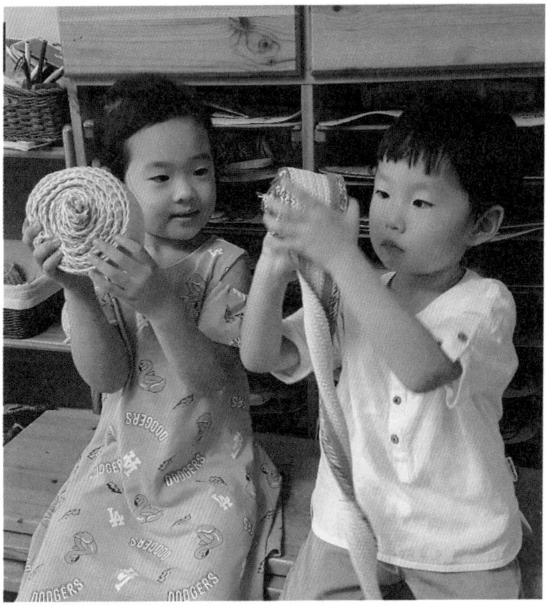

다시 한 번 말하지만, 병설 유치원의 하루를 확장하는 것에 대한 저항에는 가정이야말로 어린아이의 성장에 가장 좋은 곳이라는 오랜 믿음이 깔려 있다. 사람들은 아이가 오전반을 보내고 나면 집에서 점심을 먹고 낮잠을 자고 오후에 노는 모습을 기대한다. 그런데 오래 전부터 이 북미라는 지역에서는 오전반 일과를 마치고 낮에 밖으로 나온 아이들이 반드시 집으로 가지는 않는 것이 현실이 되었다. 아이들은 하원 후 외부에서 점심을 먹은 다음 부모가 조직한 다른 교육 시간인 발레, 체조, 스포츠 등의 "강화 프로그램"에 참석한다. 부분적으로는 이런 이유 때문에 일부 발도르프 유치원에서는 오전 일과에 이어 점심식사를 제공하기 시작했다. 그리고 어떤 현장에서는 여러 확장 프로그램을 실험하기 시작했다.

우리 학교의 유치원에서 처음 확장 프로그램을 시도했을 때, 오후 프로그램에 참석한 아이들이 다음날 지치고 짜증 난 상태로 유치원에 오는 현상이 나타났다. 오후 프로그램 담당자들이 헌신적으로 일하는 가운데 몇 해가 지나면서 사정은 많이 개선되었다. 우리는 "오후 돌봄"(After Care)이라는 명칭도 "TLC"(Tender Loving Care, "친절과 사랑의 돌봄")로 바꿨다. 그리고 오전반과 오후반의 연결을 어떻게 구성할 것인지에 대해서도 좀 더 의식하게 되었다. 오전 담임 교사들은 TLC 교사들과 함께 일하면서 관심과 애정 어린 교류의 가교를 만들었다. 지금은 많은 유치원이 영아를 위한 확장 프로그램을 제공하고 있다.

현재 발도르프 학교의 병설유치원에서는 공통적으로 다음과 같은 일을 경험한다. 젖먹이나 걸음마를 배우는 정도로 어린 아이들은 부모나 다른 보호자와 함께 몇 년 동안 부모-아이 동반 프로그램에 참여한다. 그런 다음에는 한두 해 영아반 또는 프리스쿨 프로그램에 다니고, 그 후에 유치원으로 진입한다. 그러면서 오후에는 다른 교사들이 이끄는 연장 프로그램에 참여할 수 있다. 오후 3시에 끝나는 프로그램에 다니는 아이들은 다시 "방과 후 프로그램"으로 장소를 옮겨 오후 5시나 6시까지 지낸다. 결국 하루에 두 가지 확장 프로그램을 경험하는 아이들도 있다는 말이다. 이렇게 하루를 보내면, 아이가 접하는 교사들은 세 번 바뀐다. 그나마 다행인 것은, 오후 내내 지내는 두 가지 프로그램이 완전히 다른 장소에서 이루어지지 않는 덕분에 이리저리 옮겨 다니지는 않아도 된다는 것이다.

어쨌든 슈타이너/발도르프 영유아 교육자들로서는 이것이 어린아이들에게 바람직한 스케줄은 아니라고 여겨진다. 《아이의 의식 변화》에서 슈타이너는 이렇게 말한다.

"유아교사의 과제는 놀이를 통한 아이의 모방에 적합하도록 실천적인 활동을 적용하는 것입니다. … 유치원에서 하는 아이들의 활동은 어른들의 지성 중심 문화가 '고안해 낸 것'보다는 삶 자체에서 직접 이끌어 낸 것이어야 합니다. 유치원에서 가장 중요한 일은 아이에게 삶 자체를 직접 모방할 기회를 주는 것입니다."

분주하고 갖가지 일이 오가는 가운데 정신없이 움직이는 오늘날 서양 어른들의 문화를 생각하면, 하루에도 몇 차례씩 아이들을 옮겨 다니게 하는 돌봄 제도는 시대에 아주 잘 어울린다. 하지만 그것이 과연 어린아이들이 모방해야 할 삶의 양식일까? 그런 상황에서 아이들이 놀이를 위한 충분한 시간과 공간을 가질 수 있을까? 그것이 어린아이에게 근본적으로 필요한 것을 채울 수 있을까?

"그러므로 환경 안에서, 그리고 그 환경으로 인해 얻는 아이들의 기쁨은 신체기관들을 만들고 기관 모양을 형성하는 힘들의 하나라고 보아야 합니다."[18] 슈타이너가 《교육의 핵심 사항들》에서 "이같이 전 어린아이의 교육에서 가장 중요한 요소는 교사라는 존재입니다."라고 한 말을 현대 소아과 의사 브래즐턴의 저서 《아이들에게 필요한 최소한의 것들》에 나오는 다음 이야기와 비교해 보자. "협조적이고 따뜻하게 돌보는 가운데 이루어지는 아기와의 정서적 상호작용은 … 중추신경체계의 바람직한 발달에 도움이 된다." 어린아이들이 놀라운 유연성을 보이기는 하지만, 우리가 아이들의 환경과 교사 및 보호자를 그렇게 빈번하게 바꾸는 것이 정

---

18) Rudolf Steiner, *Die Kunst des Erziehens aus dem Erfassen der Menschenwesenheit*, 1924. 한국어판: 《발도르프 교육예술 – 인간 본성이 중심인 교육》, 루돌프 슈타이너 전집발간위원회 역, 한국인지학출판사, 2017.

말 아이들의 필요를 충족하는 데 최선일까?

지난 90년대 중반에 발도르프 유치원연합은 많은 교사가 자신의 집에서 아이들을 돌보기 시작했음을 알게 되었다. 일부는 개인적인 사정 때문이었고, 또 일부는 그렇게 일과의 리듬이 매끄럽게 흘러가는 환경에서 아이들이 더 바람직하게 자란다고 생각해서였다. 1996년에 개최된 미국 동부연안 발도르프 유치원 컨퍼런스에서는 가정집과 센터에서 개인적으로 아이들을 돌보는 교사들을 위한 워크숍이 열렸다. 많은 워크숍 참가자가 젖먹이나 막 걸음마를 시작한 영아들에게 그런 돌봄을 제공하는 것, 그리고 매일 더 긴 시간을 돌보는 확장 프로그램 등이 "잘못된 일"로 비춰지는 바람에 조금은 상처를 받았다고 토로했다. 이들은 그런 방식이 "발도르프적이지 않다"는 분위기, 그리고 유치원에 가기 전 나이의 어린 아이들은 집에 있어야 하며, 날마다 유치원이 끝나면 바로 집으로 가야 한다는 분위기가 널리 퍼져 있다는 사실을 체험했다고 한다.

대략 이 시기에 WECAN(Waldorf Early Childhood Association of North America, 북미 발도르프 영유아교육연대) 이사인 리나 오스머Rena Osmer와 나는 미국 각지의 전통적인 아이 돌봄 센터를 방문해서 가정 생활에서 일어나고 있는 변화를 연구하기 시작했다. 어린아이의 일상생활에서 패러다임의 변화가 일어났기 때문이다. 지금부터 50년쯤 전, 아이들이 놀고 머물고 일상적인 삶을 배우는 장소는 전형적으로 가정이었다. 그리고 부모들은 예술과 놀이를 통한 보충 교육을 위해 오전 몇 시간 동안 아이들을 유치원에 보냈다. 부모가 있는 집은 여전히 아이들이 가정 생활의 근간을 경험하는 장소였다. 오늘날 우리 문화 안에서 부모들은 더 많은 자극을 주기 위해 아이들을 집에서 끌어내도록 강요당한다. "가사 활동" 또는 "집안 살림"에

속하는 작업은 아이들이 집에 없거나 잠잘 때 하는 것으로 격하되기도 한다. 다음에 언급하겠지만, 무엇이 가정을 제대로 돌아가게 하는지를 일상에서 체험하는 아이들은 점점 줄어들고 있다.

리나와 나는 슈타이너 교육학을 근간으로 하는 아이 돌봄과 부모 지원이 북미 지역에서 확산되고 강화되어야 할 때가 왔다고 확신하게 되었다. 이미 이 영역의 일을 시작한 사람들이 있었고 그 확산에 대한 흥미도 생겨서, 우리는 우리가 생각하는 슈타이너 아이 돌봄의 이상적인 형태가 어떤 것일지 탐색해 보았다. 결국 우리는 아이 돌봄의 이상적인 형태란 아이가 가정의 건강하고 리듬적인 일상, 즉 생활 방식에서 발견되는 특성과 활동을 모방하는 것이라는 결론에 이르렀다. 그래서 라이프웨이즈Life-Ways에 관한 책들을 출판한 친구들에게서 라이프웨이즈라는 이름을 가져왔다. 1998년에 위스콘신 주 동남부의 농촌 지역에 첫 라이프웨이즈 아이 돌봄 센터가 문을 열었고, 그 뒤로 지금까지 몇 군데 센터가 추가로 설립되었다.

라이프웨이즈 센터는 가정 바깥에서 만나는 또 하나의 가정이라는 느낌을 주도록 설계되었다. 전통적인 아이 돌봄 기관들은 일관성, 온기, 지속적인 관계 등이 결여되는 경우가 너무 많다. 라이프웨이즈의 핵심은 "패밀리 스위트"로, 여기서는 어린 시절을 보호해 주고 아이들과 보육 담당자들의 신체적, 사회 정서적, 인지적, 정신적 건강을 최대한 강화해 주는 환경 안에서 아이들, 보육 담당자들, 가족들이 장기적인 관계를 유지하게 된다. 돌보는 아이들의 연령과 일일 보육 시간은 센터에 따라 다르다.

예를 들어, 밀워키 라이프웨이즈 아이 발달 센터는 세 개의 스위트를 마련하여 오전 7:30부터 오후 5:30까지 영아부터 6세 유아에 이르는 다양한 연령대의 아이들을 돌본다. 일부 교사들은 하루에 8시간 일하고, 또 일부는 스위트를 함께 사용하면서 파트타임으로 일한다. 대가족 가정과 유사한 환경을 만들기 위해 스위트 하나에 보통 7~8명의 아이들을 수용하고, 담당교사 한 사람이 이를 맡는다. 세 개의 스위트가 설치되면, 센터는 작은 이웃 공동체나 확장된 가정의 기능을 한다. 모든 아이가 모든 교사와 친숙하고, 그러면서도 자기 스위트를 맡은 교사와는 특별한 관계를 유지한다. 파트타임 관리자(역시 아이를 둔 부모 교사)의 지원을 받는 몇 명의 교사, 파트타임 교사들, 음식 담당, 유치원 교사 한 사람, 다수의 자원봉사자가 돌봄 활동을 이끌어간다. 나이가 많은 편에 속하는 아이들은 일주일에 두세 번 프리스쿨이나 숲속유치원에 참여하는데, 이때 프리스쿨이나 숲속유치원을 찾아오는 지역의 다른 아이들과 어울리기도 한다. 같은 시간에 가장 어린 아이들은 교사와 함께 고요한 시간을 누린다. 이는 가정에서 언니오빠들이 학교에 가고 없는 동안의 상황과 유사하다. 큰 아이들이 스위트로 돌아오면, 작은 아이들은 이들을 몹시 반긴다.

라이프웨이즈 센터와는 별개로, 개인들도 자신의 집에 라이프웨이즈 아이 돌봄과 프리스쿨을 개설한다. 이런 방식은 여러 면에서 이상적인데, 교사가 이미 가정에 있어서 굳이 가정이라는 환경을 흉내 내지 않아도 되기 때문이다. 캘리포니아 주에 사는 트리샤 램버트Trisha Lambert는 WECAN의 정회원이면서 동시에 라이프웨이즈의 대표자이다. 트리샤는 발도르프 유치원에서 교사로 일하다가 자기 집에서 아이들을 돌보기로 결정했다. 라이프웨이즈라는 조직이 만들어지기도 전에 그런 결정을 한 것이다. 트리샤는 덴마크 출신의 발도르프 교육자인 헬레 헤크만Helle Heckman에게 영감을 얻어 날마다 아이들을 데리고 바깥으로 나가 집 근처 이곳저곳의 정원과 공터를 탐색한다. 그리고 아이들에게 줄 식사와 간식을 직접 준비한다. 아이들은 트리샤의 거실과 침실에서 낮잠을 잔다. 거의 매일 간단한 열기 활동 놀이와 이야기 듣기 시간을 갖고, 그룹에 영아가 있는 경우에는 아기가 놀거나 자는 시간에 다른 아이들은 노래와 놀이를 한다. 밀워키 라이프웨이즈 센터와 마찬가지로 트리샤에게도 아이를 보내려고 기다리는 사람들이 끊이지 않는다. 많은 부모가 이런 환경이 제공하는 단순한 일상이 아이에게 최선이라고 생각하며, 자신들이 관찰한 돌봄 환경을 거울삼아 천천히 가정에 변화를 주기 시작하는 놀라운 사례들이 등장하고 있다.

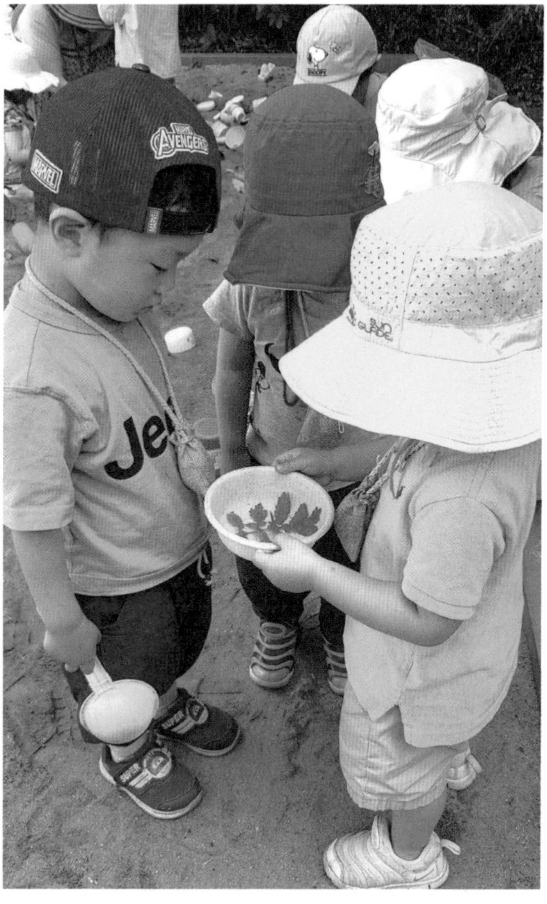

라이프웨이즈의 환경에서 이루어지는 하루와 주간의 리듬과 활동은 현장 생활보다는 가정생활을 모방하고 있다. 일상적인 돌봄과 주변 정리, 아이의 신체에 대한 돌봄, 세탁, 잡동사니 처리, 식사, 낮잠, 노래와 놀이, 특별한 절기를 위한 수공예 등이 그렇다. 음식 담당자가 매일 유기농 식단을 준비하는 동안에는 각 스위트의 아이들이 당근을 깎고 양파를 써는 등의 일로 음식 준비를 돕는다. 아이들의 이런 적극적인 참여가 제대로 끝나거나 그렇지 않거나 간에, 교사가 명확한 목적을 가지고 만드는 이런 환경에서 아이들은 잘 성장한다.

“생활 기술The Living Arts”(집안일, 육아, 창의적 활동, 교류)이라고 불리는 이런 일상을 위한 활동은 오늘날 많은 아이의 규칙적인 경험으로부터 조용히 멀어지고 있다. 그런데 “종일반 돌봄”이라는 환경에서는 아이들이 쫓기는 느낌 없이 이런 활동의 자연스러운 흐름을 한층 쉽게 경험할 수 있다. 어떤 이가 주목한 것처럼, 이런 환경에서는 아이들이 스스로 신발을 신고, 이를 닦고, 머리를 빗고, 바깥으로 나가기 위해 옷을 입고, 아기에게 음식을 먹이고 기저귀를 갈아주는 모습을 관찰하는 등의 활동을 이해할 시간을 더 많이 갖게 된다. 잠시 낮잠을 자는 것도 유익하다. 교사가 함께 낮잠을 자는지 여부와는 상관없이(가끔 어떤 교사는 함께 낮잠을 잔다), 오전의 분위기는 낮잠으로 인해 아침과는 그 성질이 다른 오후의 분위기로 바뀐다. 낮잠을 자고 일어난 아이의 머리를 빗기고 얼굴에 오일을 발라 주고 나면(뉴질랜드의 발도르프 교사 버나뎃 레이클Bernadette Raichle이 이끄는 아우히나Awhina 아이 돌봄 센터의 교사 활동 사례에서 인용), 아이들은 오전보다 조금 느슨한 오후 놀이와 귀가를 위해 마음의 준비가 된다.

교사들은 멘토의 도움으로 진행되는 1년 과정의 라이프웨이즈 연수에 참석한다. 이 연수에서는 생활 기술, 라이프웨이즈 원칙, 실천 제안 등을 만나고 배우게 된다. 루돌프 슈타이너가 말하는 정신과학의 아동 발달론과 현대의 아동 발달 전문가들이 말하는 발달론도 배운다. 스스로 어린 아이가 모방할 가치가 있는 존재로 성장하기 위해, 연수생들은 음악, 움직임, 말하기 클래스를 경험한다. 그리고 기초적인 정원 가꾸기와 실질적이면서도 예술적인 가정 공작 등을 포함해서 갖가지 수공예를 익힌다. 이런 것들 말고도 연수는 아동 관련 감독기관을 비롯해서 부모 및 동료들과 협력하는 방법에도 초점을 맞춘다. 라이프웨이즈 연수에서 독특한 점은 부모, 아동 보육 사업자, 가정 프리스쿨 교사, 부모 교육 전문가, 조부모 등 다

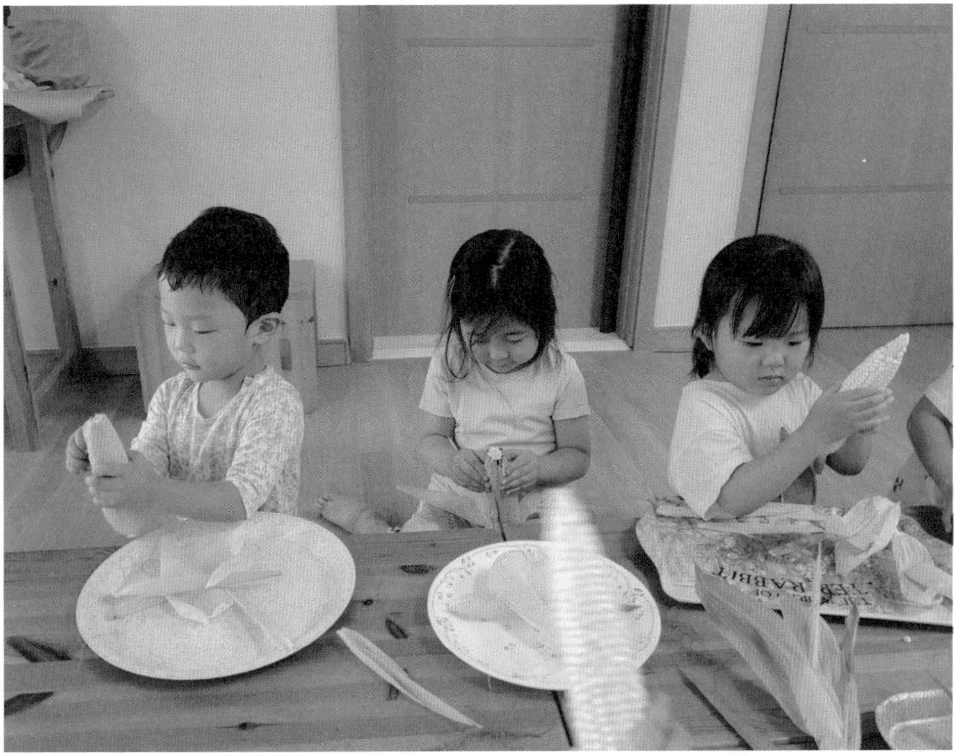

양한 사람들이 연수에 참여한다는 사실이다. 이들에게는 공통분모가 있다. 이들은 모두 아이의 기본적인 요구가 가정에서 이루어지는 일상적인 활동에 의해서만 충족될 수 있다는 이해를 공유한다는 것이다.

오랜 전에는 발도르프 유치원에서 일하는 것이 특권이었던 것처럼, 오늘날 슈타이너 정신에 바탕을 둔 "아이 돌봄"에서 진행되는 다양한 과정에 참여하는 것도 똑같이 특별한 일이다. 시계를 거꾸로 돌리려고 하는 것으로는 어떤 해답도 얻지 못할 것이기 때문에, 많은 발도르프/슈타이너 영유아 교육자들은 속도를 늦추고 일상적인 생활 안에서 이루어지는 활동으로 무게중심을 옮기는 것, 이를 통해 아이를 돌보는 시간을 더 길게 확보하는 것이 주는 가치를 발견한다. 라이프웨이즈는 발도르프/슈타이너 영유아 교육자들이 활동을 확장한 한 가지 사례다. 이미 20년 넘게 아이 돌봄을 제공해 온 사람들도 있고, 부모-아이 동반 프로그램을 위한 교사와 "출생부터 3년간"의 주제에 관심을 두는 교사를 훈련시키고 지원하는 사람들도 있다.

2006년에 뉴욕에서 개최된 발도르프 영유아교육 컨퍼런스의 기조연설자는 스위스 괴테아눔의 의학분과 대표 미하엘라 글뢰클러 박사였다. 노스이스트 라이프웨이즈 연수원장인 수전 실베리오Susan Silverio는 글뢰클러 박사의 기조연설을 이렇게 인용했다. "죄의식을 넘어 가르치십시오. 기뻐하며 가르치십시오! 바깥 세상을 향해 유치원을 개방하십시오! 가정 안에 농사 짓고 놀이를 하는 오후 프로그램을 조직하십시오. 되도록 어린 아이들을 받아들여 되도록 오래 돌봐 주십시오."

우리가 영유아 교육 현장과 부모 지원에 관련된 의식의 이런 확장에 동참하게 되어 기쁘다. 그리고 이런 일을 추진하는 개인과 단체들에게 선견지명과 따스한 마음의 지원을 보여준 북미 발도르프 영유아교육연대(WECAN)에 감사의 마음을 전하고 싶다. 그것은 한 줄기 신선한 바람처럼 고마웠다.

신시아 K. 올딩어
북미 라이프웨이즈LifeWays North America

저자들

샤리파 오펜하이머Sharifa Oppenheimer

샬러츠빌 발도르프 학교 창립 교사로, 그곳 병설유치원에서 21년 동안 일하면서 영유아교육 프로그램을 이끌었다. 뉴욕 선브리지 칼리지, 캘리포니아 루돌프 슈타이너 칼리지의 교사 훈련 프로그램에 참여하고, 선임교사로서 실습 및 연수 프로그램을 제공했다. 버지니아주 베이츠빌에서 가정 돌봄 프로그램 더 로즈가든The Rose Garden을 설립했으며, 베스트셀러 《지상 천국: 영유아 부모를 위한 핸드북》의 워크북인 《가정 문화의 스타를 만들어 내는 방법》을 출판했다.

존 앨먼Joan Almon

발도르프 유치원 교사로 일했으며, 북미 발도르프 영유아교육연대(WECAN)의 공동대표를 역임했다. 북미 라이프웨이즈의 설립자이자 전무이사이다. 여러 나라에서 교육 관련 강의를 진행하고, 미국 전역에서 연수와 세미나를 열었다. 14년간 WECAN의 이사로 일했으며, 현재는 미국 가정돌봄협회 회원이다.

프리야 야프케Freja Jaffke(1937-2021)

독일 로이틀링엔 발도르프 유치원에서 35년간 교사로 일했고, 현장 경험을 바탕으로 독일 슈투트가르트 발도르프 교육대학에서 교수로 활동하며 해외 발도르프 교육운동을 지원했다. 《발도르프 인형 만들기》 등 다양한 현장 실용서가 Freies Geistesleben 출판사에서 간행되었다.

역자

여상훈

출판인, 번역가, 루돌프 슈타이너 전집발간위원회 위원장.
《철학도해사전》, 《신 인간 과학》, 《유아 그림의 수수께끼》, 《교사 루돌프 슈타이너를 만나다》, 《발도르프 성교육》 등 다수의 역서가 있다.